わかりやすい
色彩と配色の基礎知識

はじめて学ぶ「色彩能力検定3級」対応
文部科学省認定ファッションコーディネート

有本祝子　岡村美知――共著

永岡書店

はじめに

色彩の勉強を始めようとしているあなたに
色彩能力検定3級を受験しようと思っているあなたに

みなさん、はじめまして。

今、あなたが手にしているこの本は、私、有本祝子と岡村美知の2人で書きました。私たち2人は、これまでにいろいろな場所で、色に関するお話をしてきました。対象者は、年齢、性別などさまざまです。

そのような中で、たいへんうれしい出来事がありました。ある講座での授業が、残すところ後１回となったときのことです。授業後、年配の男性がそばにいらして「ここにきて、色の勉強ができて本当によかったよ。でも、もっと若いころに勉強することができていたらなあ。人生、変わったと思うよ。本当だよ」と真剣な眼差しでおっしゃってくださったのです。そして、「後１回だと思うと、名残惜しいなあ」と。

この方は、色に興味をもち、自分から学ぼうとしたわけではなく、受講した講座にたまたま色彩の授業があって、色について学ぶことになったのです。おそらく、色を勉強する対象としてとらえたことはなかったのではないでしょうか。「人生が変わる」とは、おおげさに聞こえるかもしれませんが、「今までは、ずっと無頓着だったのに、身の回りの色にこだわらずにはいられなくなった」とおっしゃり、毎日の生活が変化したのです。

今までは、身の回りにありながら、意識することのない存在であった色が、少し知ったことで、今までとは違った輝きを見せてきたのでしょう。色は、私たちにとって身近な存在であり、普段はあまり意識することはないかもしれませんが、さまざまな影響を与えているのです。色の働きについて知り、日々の生活を豊かに彩ってゆければ、そこにはまた新たな、うるおいのある美しい世界が広がってくることでしょう。

今あなたは、色に対して何らかの興味をもち、この本を手に取られたのだと思います。色について多くの人に伝えてきた者として、また、自分自身も、色に興味をもち勉強してきた者として、初めて色の勉強をする人には、あの男性のように、新たな発見を楽しみながら、色の魅力に触れていってほしいのです。

本書は、色に興味をもった多くの人が目指す「色彩検定」に対応したものとなっていますが、単なる検定対策だけを目的とした本ではありません。検定試験のための勉強が、表面的な知識の暗記になっている場合があるようです。それは、情緒的なものである色彩を学ぶこととは、かなりかけ離れたものではないでしょうか。

栄養を補給するためだけに食事を摂るのではなく、楽しみながら、おいしく食べたほうがいいに決まっています。それに、「おいしく食べたものは、きちんと身になる」といわれるのと同じように、ただの暗記ではなく、楽しみながら、よく理解して身につけた色の知識は、必ず、あなたの色の世界を広げてくれるでしょう。

私たちは、初めて色の勉強をするあなたにできるだけわかりやすく伝え、しっかりと基本的な力をつけてもらいたいと考えました。少し欲張りすぎたかもしれませんが、本当はひとりひとりの顔を見ながら、もっともっといろいろなことを語りかけたいのです。よく理解できていれば、検定試験には必ず合格できます。また、よく理解できていなければ、たとえ合格したとしても、その知識を実際に生かすことはむずかしいでしょう。私たちは、あなたを合格ラインのはるか上に押し上げようと考えながら、この本を書きました。安心して、しっかりと勉強してください。

色の世界は奥深く、それが魅力でもあるのですが、これはほんの初めの一歩です。その一歩が楽しく、その先に続く確かな一歩になればと願っています。

さあ、一緒に勉強を始めましょう。

有本祝子

本書の使い方

必ず事前にお読みください

本書は「文部科学省認定ファッションコーディネート色彩能力検定3級」の内容に対応し、対策参考書として活用できるようになっています。

■色彩専門用語がひと目でわかるように、［赤字］で示してあります。

検定試験までに、必ず覚えるようにしましょう。

■重要事項は「これだけは、覚えておこう」にまとめてあります。

過去の出題傾向を踏まえて、合格に必要な、覚えておくべきポイントをまとめたものです。そのつど確認しながら読み進めていきましょう。また、試験直前の総復習にも利用してください。

■第2章　色の整理分類「トーン」(46ページ)まで学習したら、「カラーチャート(PCCS)」(6～7ページ)を作製しましょう。

本書はオールカラーですが、印刷で再現できる色には限界があります。正しい色を知るために、「新配色カード199a」を使用したカラーチャートを作ることをおすすめします。多少、手間がかかりますが、カラーカードを見ながら、自分の手を使って作ることによって、理解を深めることができます（カラーチャートの作り方は、8ページを読んでください)。検定試験では、色を見て答える問題が出題されます。色を見る目を養う必要がありますが、このカラーチャートは、その基準となるものです。いつもそばに置いて、学習を進めていきましょう。

■本書は、少なくとも3回以上読んでください。

何ごとも、よく理解し身につけるためには、反復が大切です。くり返し読むことによって、理解が深まり、自然に身についてゆくのです。本物の力を身につけていくために、がんばりましょう。

色相 トーン	2：R （赤）	4：rO （赤みのだいだい）	6：yO （黄みのだいだい）	8：Y （黄）	10：YG （黄緑）	12：G （緑）
p ペール （うすい）	p2^{+}	p4^{+}	p6^{+}	p8^{+}	p10^{+}	p12^{+}
lt ライト （浅い）	lt2^{+}	lt4^{+}	lt6^{+}	lt8^{+}	lt10^{+}	lt12^{+}
b ブライト （明るい）	b2	b4	b6	b8	b10	b12
v ビビッド （さえた）	v2	v4	v6	v8	v10	v12
dp ディープ （濃い）	dp2	dp4	dp6	dp8	dp10	dp12
dk ダーク （暗い）	dk2	dk4	dk6	dk8	dk10	dk12
dkg ダークグレイッシュ （暗い灰みの）	dkg2	dkg4	dkg6	dkg8	dkg10	dkg12
g グレイッシュ （灰みの）	g2	g4	g6	g8	g10	g12
d ダル （鈍い）	d2	d4	d6	d8	d10	d12
sf ソフト （柔らかい）	sf2	sf4	sf6	sf8	sf10	sf12
ltg ライトグレイッシュ （明るい灰みの）	ltg2	ltg4	ltg6	ltg8	ltg10	ltg12

カラーチャート（PCCS）

14：BG （青緑）	16：gB （緑みの青）	18：B （青）	20：V （青紫）	22：P （紫）	24：RP （赤紫）	無彩色
p14^{+}	p16^{+}	p18^{+}	p20^{+}	p22^{+}	p24^{+}	W W
lt14^{+}	lt16^{+}	lt18^{+}	lt20^{+}	lt22^{+}	lt24^{+}	Gy-8.5 Gy-8.5
b14	b16	b18	b20	b22	b24	Gy-7.5 Gy-7.5
v14	v16	v18	v20	v22	v24	Gy-6.5 Gy-6.5
dp14	dp16	dp18	dp20	dp22	dp24	Gy-5.5 Gy-5.5
dk14	dk16	dk18	dk20	dk22	dk24	Gy-4.5 Gy-4.5
dkg14	dkg16	dkg18	dkg20	dkg22	dkg24	Gy-3.5 Gy-3.5
g14	g16	g18	g20	g22	g24	Gy-2.5 Gy-2.5
d14	d16	d18	d20	d22	d24	Bk Bk
sf14	sf16	sf18	sf20	sf22	sf24	
ltg14	ltg16	ltg18	ltg20	ltg22	ltg24	

カラーチャートの作り方

カラーチャートを作るには、（財）日本色彩研究所監修、日本色研事業（株）発売の「新配色カード199ａ」が必要です。画材店や色彩検定特約書店で購入することができますので、用意してください。

①カラーチャートの台紙(6～7ページ)を、左右別々にゆがみのないようにコピーしてください(厚手の用紙にコピーすることをおすすめします)。

②配色カードを15mm×10mmの大きさに切って、点線の枠に貼ります。カードの裏の記号と枠内の記号とをよく照らし合わせて、間違いのないように貼りましょう（ｐとltの記号に「＋」の記号が付いていますが、これはｐとltの代表色よりも彩度の高い色をとっているためです）。糊は、美しく仕上げるために、ペーパーセメント(ペーパーボンド)を使用しましょう。貼ってもシワにならず、はみ出した糊はクリーナーできれいに取ることができます。

●でき上がったら、下の写真のように、透明なソフトカードケース（A5 S型）に入れて使用しましょう。きちんと色が整理分類された形で一覧でき、配色を計画する場合などにも役立ちます。

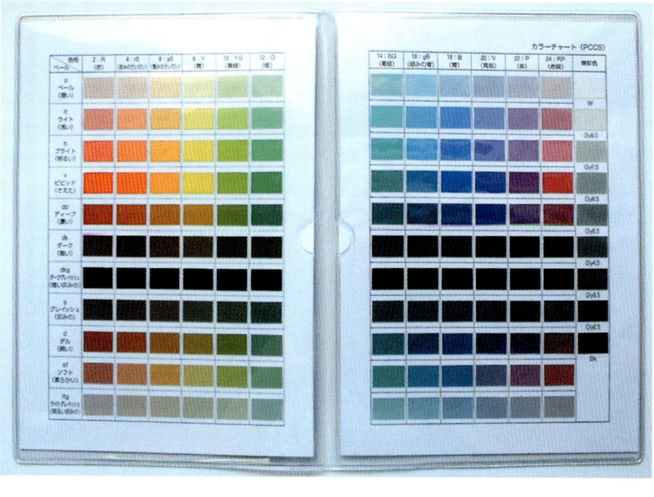

でき上がったチャートの見本

目次●Contents

このキャラクターのデザイン画は、私ども『月は水色のミステリー』の一員である宮田涼江が作成したものです。従って、このキャラクターは、私ども『月は水色のミステリー』のスタッフ一同が共有するもので、私どもが執筆する著作に使用する決まりになっております。

このキャラクターの載っている書物は、［**易《やさ》しく、詳しく、正確に**］という根源的な願いを表していると、ご理解いただけると幸いです。

●キャラクター原画――宮田涼江

第1章

色の本質

●色はどうして見えるのか

第 1 章

色の本質 ●色はどうして見えるのか

色が見えるということ

物には必ず色がついています。物を見るということは、色を見ていることにほかなりません。それでは、色はどうして見えるのでしょうか。

まず、見つめられる物体が必要です。しかし、物体があっても、目を閉じていたら何も見えません。また、物体があって目を開けていても、真っ暗なところでは、色（物）を見ることはできません。

つまり、色（物）を見るためには、「見つめられる物体」「それを見つめる目」「物体を照らす光」という、３つの要素が必要です。これらを**視覚現象《しかくげんしょう》の三要素《さんようそ》**と呼んでいます。

色の本質を知るためには、これら３つの要素をよく理解しておきましょう。

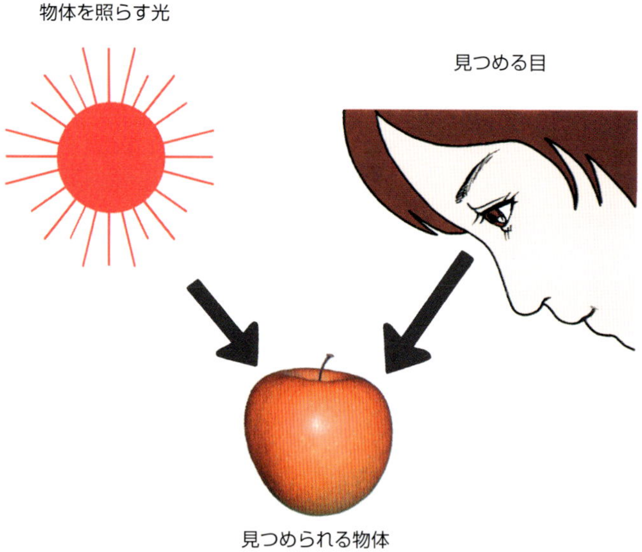

光の性質

■光とは

自ら光を放つものの代表は太陽です。太陽は、中心部から得られたエネルギーを表面から放射しています。このエネルギーを電磁波《でんじは》と呼んでいます。

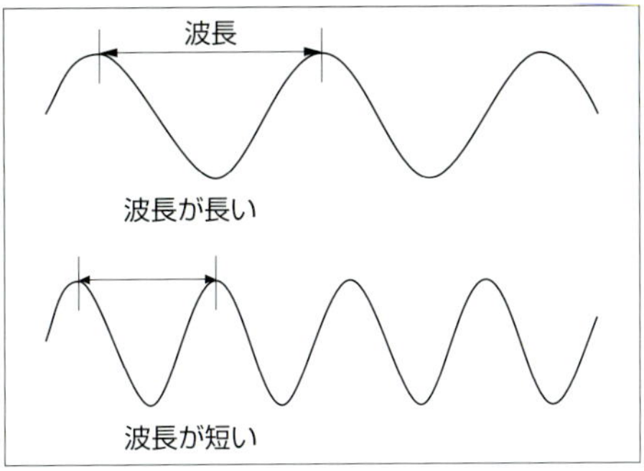

電磁波は、文字通り波のように振動しながら進んでいきます。この波の、1つの山の頂点から次の山の頂点までの距離を波長《はちょう》といいます。電磁波は、波長の長さによって呼び方や働きが異なります。

波長の長さは、nm（ナノメートル）という単位で表します。1nmは1m（メートル）の10億分の1の長さになります。地球の直径の10億分の1が1円玉にも満たない大きさですから、1nmがいかに極小の世界を表す単位であるかがわかりますね。

電磁波の中で人間の目に見えるのは380nm～780nmという、ごく限られた波長の範囲です。そこで、この範囲の電磁波を可視光線《かしこうせん》とか可視光《かしこう》などと呼んでいます。一般に光《ひかり》と呼んでいるのは、この範囲の電磁波なのです。

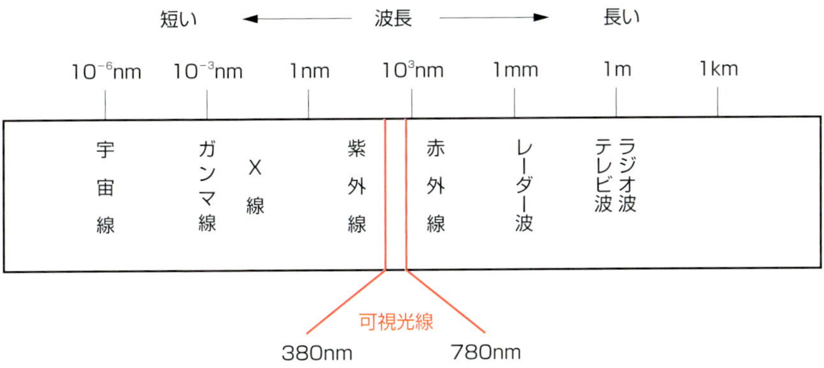

10^{-3}とは10^{3}（1000）分の1のことで、10^{-6}とは10^{6}（100万）分の1のこと。

可視光線以外の電磁波も、日常生活のさまざまな場所で活用されています。

- レーダー波《は》…船舶や航空機の探知、気象観測などに用いられます。
- 赤《せき》外《がい》線《せん》…熱効果が暖房器具や調理器に応用され、別名「熱線」とも呼ばれています。
- 紫《し》外《がい》線《せん》…人間の肌を黒くする作用や、看板などの色をあせさせる作用があるので、別名「化学線」ともいわれています。
- X線《せん》…レントゲン撮影に使用されています。

■光と色

電磁波が波長によって異なる性質をもっているように、可視光線も波長によって異なる色に見えます。

可視光線の中で最も波長が長い光は赤で、そのすぐ外側の電磁波が赤外線です。一方、最も波長が短い光は青紫で、そのすぐ外側の電磁波が紫外線です。可視光線は、波長が780nmから短くなるにしたがって、赤・橙（だいだい）・黄・緑・青・藍・青紫(＊)と変化していきます。

通常、私たちが目にする光は、さまざまな波長が混ざり合っています。これを波長ごとに分けることを分光《ぶんこう》といいます。そして、分光によって得られる単一波長の光を単色光《たんしょくこう》といいます。光を分光するためには分光器を用います。透明なガ

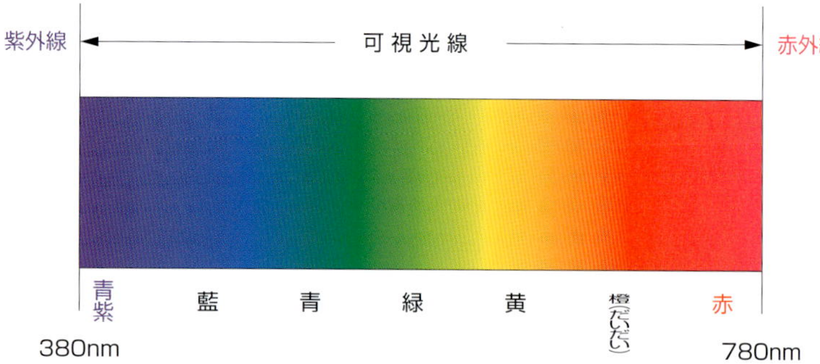

（＊）青紫は「菫《すみれ》」と呼ばれたり、簡単に「紫」といわれたりもします。

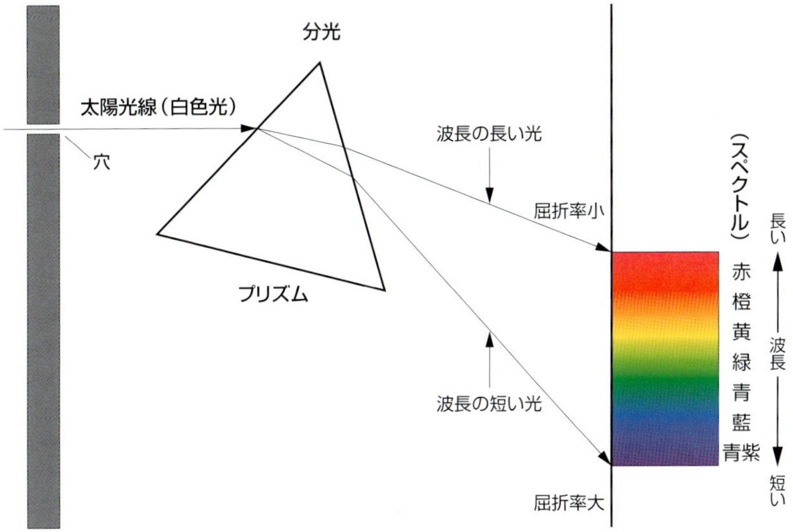

ラスの三角柱である「プリズム」もその一種です。

世界で初めて太陽光線を分光したのは、万有引力の発見で有名な、イギリスの物理学者のニュートン（1642～1727）です。彼は、暗い部屋の中に小さな穴から太陽光線を導き、プリズムを通して分光しました。すると、赤・橙（だいだい）・黄・緑・青・藍・青紫と変化していく色の帯が、壁に映し出されました。

この色の帯を**スペクトル**といいます。虹のように見える色は、赤《せき》・橙《とう》・黄《おう》・緑《りょく》・青《せい》・藍《らん》・紫《し》とすると覚えやすいですよ。スペクトルは単色光を波長の順に並べたものをいいます。

なぜ、光をプリズムに通すと分光されるのでしょうか。

光は、何もないところでは直進しますが、物に当たると曲がります。これを光の**屈折**《くっせつ》といいます。波長の長さによって屈折率、つまり曲がる角度が異なります。波長が長いほど屈折率は小さく、波長が短いほど屈折率は大きくなります。光がプリズムを透過するとき、波長ごとの屈折率のちがいによって光が分かれてスペクトルが現れるのです。

ダイヤモンドやクリスタルガラスのきらめきは、分光によって現れたスペクトルなの。雨上がりの大空にかかる虹も、雨粒がプリズムの役割をして太陽光線を分光してできた巨大なスペクトルなのよ。

プリズムで分光した単色光をもう一度プリズムを透過させても、これ以上分光することはできません。単色光は最小単位の光なのです。

ニュートンの実験によって、無色に見える太陽の光は、いろいろな色を見せる波長の光が混ざり合っているものであることがわかりました。このことは、いろいろな波長の光がほぼ同じ割合で混合していると、無色の光になることを意味しています。太陽の光のように、色みを感じさせない光を**白色光**《はくしょくこう》といいます。

■長波長・中波長・短波長

可視光線の波長の範囲は一般的に380nm～780nmといわれています。しかし、その境界線はあいまいではっきりしないので、範囲を400nm～700nmとしても支障ありません。

この範囲を、400nm～500nm、500nm～600nm、600nm～700nmと、100nmごとに３つの範囲に分け、波長の長いほうから順に**長波長**《ちょうはちょう》、**中波長**《ちゅうはちょう》、**短波長**《たんばちょう》と呼んでいます。

長波長の光は主として赤く、中波長の光は主として緑に、短波長の光は主として青く見えます。

可　視　光　線		
短　波　長	中　波　長	長　波　長

400nm　500nm　600nm　700nm

空はどうして青いの？

大気中には窒素や酸素分子やとても小さなちりが浮遊しています。光は、これらの小さな粒子に当たって、不規則な方向に散らされます。この現象は「散乱《さんらん》」と呼ばれています。波長の長い赤い光は、これらの粒子をかわすように進めるのであまり散乱しません。しかし、波長の短い青い光は粒子に衝突しやすいので、その多くが散乱します。

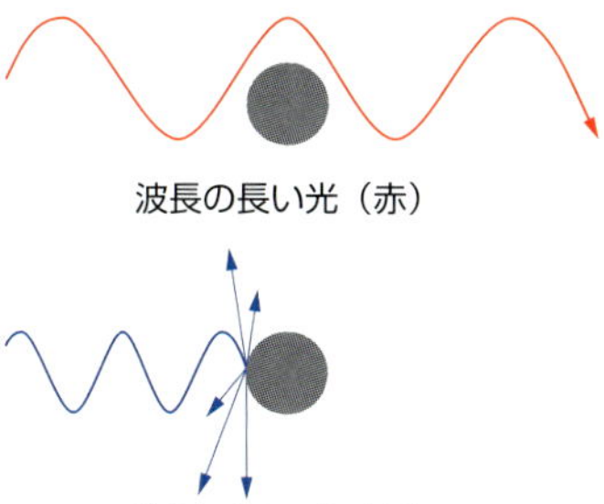

散乱した光は遠くまでは届きませんが、そのかわり空全体に広がります。昼間は、太陽と私たちのいる場所の距離が近くなるため、散乱しにくい長波長の光よりも、散乱しやすい短波長の光のほうが私たちの目に多く届くので、空が青く見えるのです。

一方、朝や夕方は太陽が昼間より遠くなります。そのため、短波長の青い光は散乱して私たちのいる場所までわずかしか届かず、長波長の赤い光が多く届きます。朝日や夕日が赤く見えるのはそのためです。

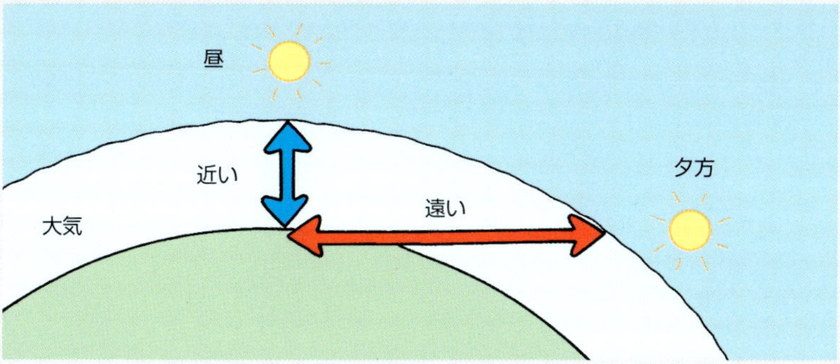

●これだけは、覚えておこう●

[光の性質]

●人間の目に入って色の感覚を引き起こす、380nm～780nmの波長の「電磁波」を「可視光線（可視光）」という。１nmは、10億分の１ｍの長さである。

●可視光線は、波長の長さにより見える色が異なる。波長が長いと赤く見え、波長が短くなるにしたがって橙(だいだい)、黄、緑、青と変化し、最も波長が短い光は青紫に見える。

●可視光線の長波長のすぐ外側にある電磁波は「赤外線」で、短波長のすぐ外側にある電磁波は「紫外線」である。

●ニュートンは、太陽光線をプリズムを用いて分光し、赤・橙(だいだい)・黄・緑・青・藍・青紫の「スペクトル」を得た。スペクトルとは、単色光が波長の順に並んだものである。

●太陽の光のように、各波長の光をほぼ等分に含んでいて色みを感じさせない光を「白色光」という。

●「長波長」(700nm～600nm)の光は赤く見え、「中波長」(600nm～500nm)の光は緑に見え、「短波長」(500nm～400nm)の光は青く見える。

物体の性質

■光源色と物体色

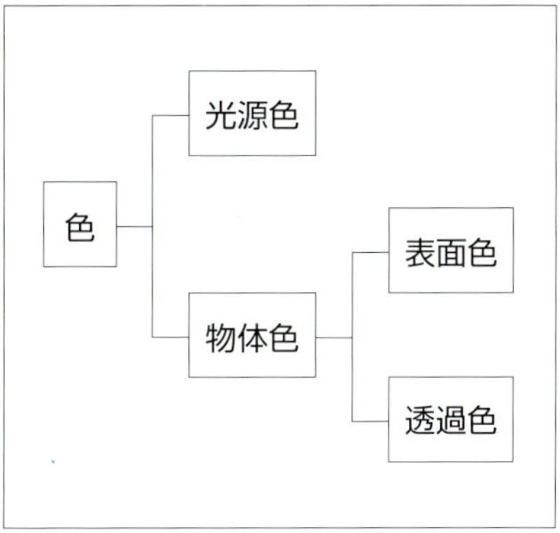

色には、大きく分けると「光源色」と「物体色」の2種類があります。

太陽や蛍光灯、電球、ろうそくの炎など、自ら光を発するものを**光源**《こうげん》といいます。そして、その光の色を**光源色**《こうげんしょく》と呼んでいます。ネオンサインやテレビ画面も光源色です。

一方、光に照らされて見える色が**物体色**《ぶったいしょく》です。物体色はさらに**表面色**《ひょうめんしょく》と**透過色**《とうかしょく》に分かれます。

表面色は、物体の表面から**反射**《はんしゃ》してきた光が私たちの目に入って、色の感覚を引き起こすものです。皆さんが今読んでいるこの本の色も表面色です。人間の肌や洋服、植物など、私たちが目にする大部分のものの色は表面色なのです。

透過色はステンドグラスや万華鏡のように、物体を**透過**《とうか》してきた光が目に入って、色の感覚を引き起こすものです。グラスに注いだビールの色も透過色です。

■物体の色の違いはどうして起こる？

ここでは、表面色について考えてみましょう。

表面色は、反射された光によって色の感覚を引き起こすものでした。物体表面に白色光が当たっても、光がすべて反射されるわけではなくて、一部の光が**吸収**《きゅうしゅう》され、残った光が反射されます。この時、光の一部分が吸収されることを選択吸収といい、吸収されずに残った光が反射されることを選択反射と呼んでいます。この光の吸収と反射の度合いは物体によっ

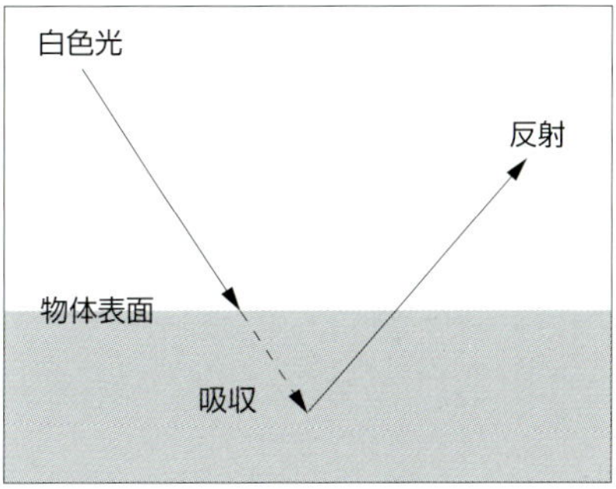

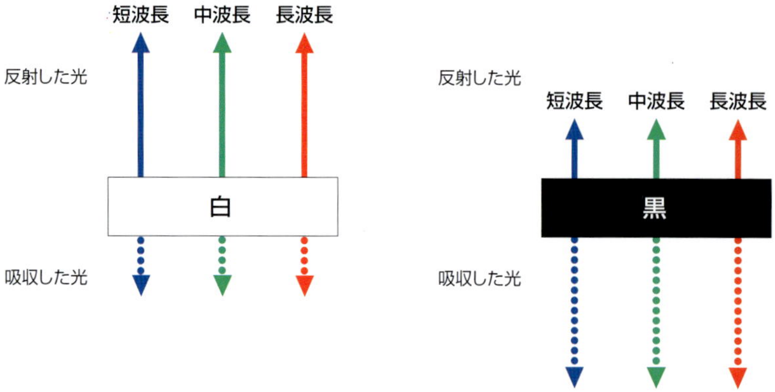

白		
短波長	中波長	長波長
◎	◎	◎

◎—反射の多い光

黒		
短波長	中波長	長波長
×	×	×

×—反射の少ない光

て異なります。そして、どのような光がどのくらい反射されているかということが、物体の色の見え方に関係しているのです。

白色光には長波長・中波長・短波長の光が同じ割合で含まれています。物体表面が、光の割合のバランスを壊すことなくわずかな光を吸収し、残り大部分の光を反射すると、この物体表面は白く見えます。「光の割合のバランスを壊すことなく」とは、長波長・中波長・短波長の光を同じくらい吸収し、同じくらい反射するということです。

同じように光の割合のバランスを壊すことなく反射する場合でも、各波長の光をほとんど吸収し、少しだけ反射すると、物体表面は黒く見えます。このように、長波長・中波長・短波長の光を均等に反射する物体表面は、無彩色[*1]（白・黒・グレイ）に見えます。そして、反射する光の量が多いほど明るく見えるのです。

一方、光の割合のバランスが壊れて、吸収と反射の割合が波長によって異なる物体表面は、赤や青といった有彩色[*2]に見えます。

（＊1）（＊2）無彩色と有彩色については、第２章で説明します。

◆物体表面が赤く見えるとき

赤みを感じさせる長波長の光のみを多く反射し、中波長と短波長の光はわずかしか反射しません。

◆物体表面が緑に見えるとき

緑みを感じさせる中波長の光のみを多く反射し、長波長と短波長の光はわずかしか反射しません。

◆物体表面が青く見えるとき

青みを感じさせる短波長の光のみを多く反射し、長波長と中波長の光はわずかしか反射しません。

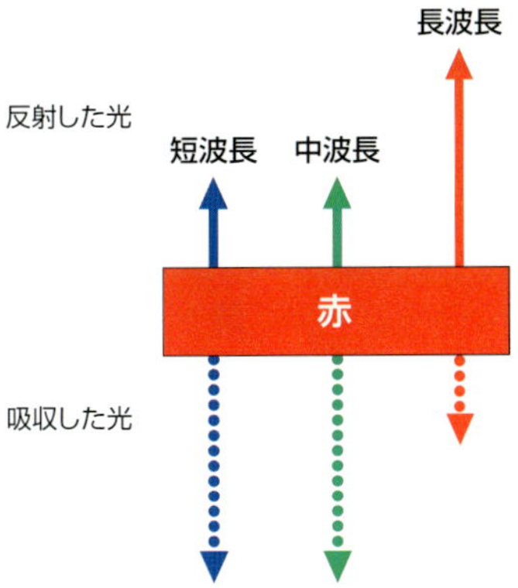

赤		
短波長	中波長	長波長
×	×	◎

◎—反射の多い光　×—反射の少ない光

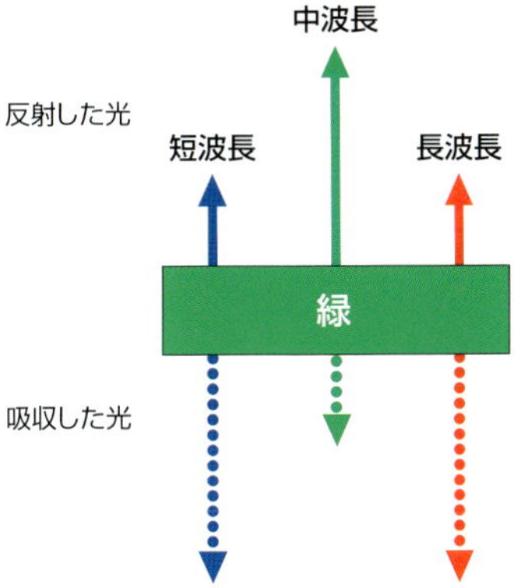

緑		
短波長	中波長	長波長
×	◎	×

◎—反射の多い光　×—反射の少ない光

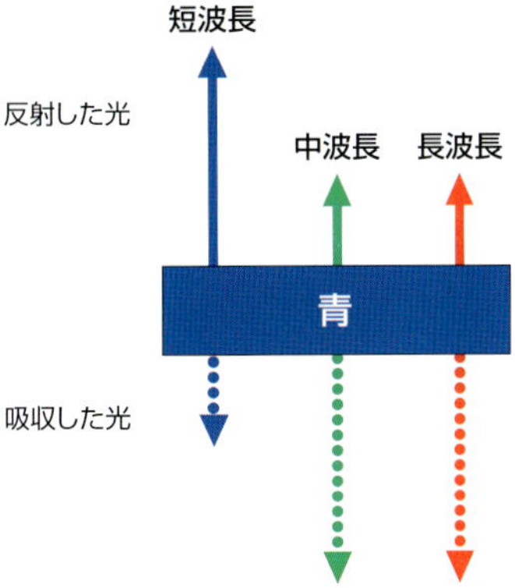

青		
短波長	中波長	長波長
◎	×	×

◎—反射の多い光　×—反射の少ない光

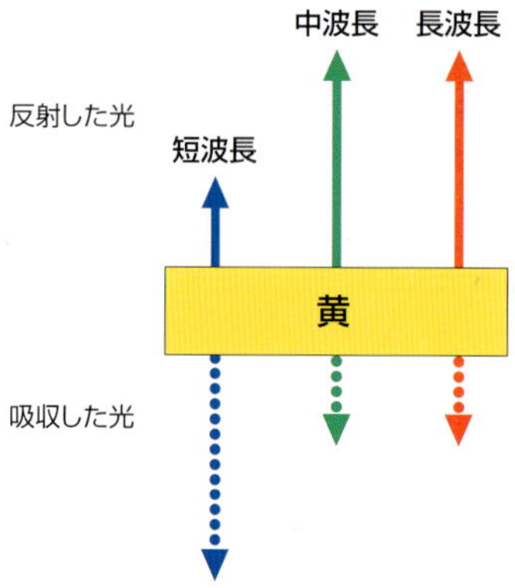

それでは、物体の表面が黄色に見えるとき、光の吸収と反射の割合はどうなっているのでしょうか。

この場合は、左の図のように、長波長の光(赤)と中波長の光(緑)を多く反射し、短波長の光(青)はわずかしか反射していません。赤い光と緑の光が重なると黄の光になるのです。

黄		
短波長	中波長	長波長
×	◎	◎

◎―反射の多い光　×―反射の少ない光

●これだけは、覚えておこう●

[物体の性質]

●色は、「光源色」と「物体色」に分かれる。物体色は、「表面色」と「透過色」に分かれる。

●物体表面に白色光が当たると一部の光は吸収され、残った光が反射される。物体によって吸収と反射の度合いが異なり、反射された光がその物体の色の見え方に関係する。

●物体表面が、長波長・中波長・短波長の光を同じ割合でほとんど反射すると白く見え、同じ割合でわずかしか反射しないと黒く見える。

●物体表面が長波長のみを多く反射すると赤く見え、中波長のみを多く反射すると緑に見え、短波長のみを多く反射すると青く見える。

●黄に見える物体表面は、長波長と中波長を多く反射している。

目の構造

■目の仕組みはカメラに似ている

眼球は、光を受け入れて外界の映像を写しとる受像器官です。眼球の構造はカメラと似ています。

カメラは、被写体からの光をレンズを通して感光材料(フィルム)上に結像させることによって、被写体の像を焼き付けるものです。そのためにカメラが備えていなければならない機能がいくつかあります。

- ボディ…レンズを通る光以外、すべての光を遮断し、暗箱の役目をします。
- レンズ…光を屈折させ、明確な像をフィルム面に投影します。被写体からカメラまで距離に応じて、レンズとフィルムの位置関係を調節して、ピントを合わせます。
- 絞　り…被写体の明るさに合わせて、必要な量の光だけをフィルムに与える働きをします。

下の図は眼球の断面図です。各部分は、次のようにカメラの各機能を担当しています。

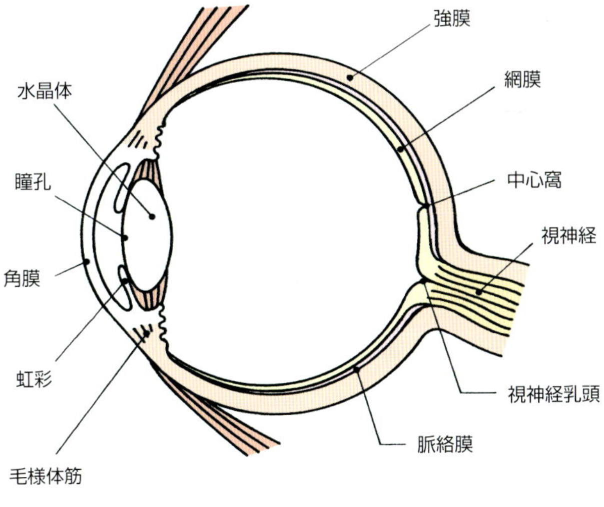

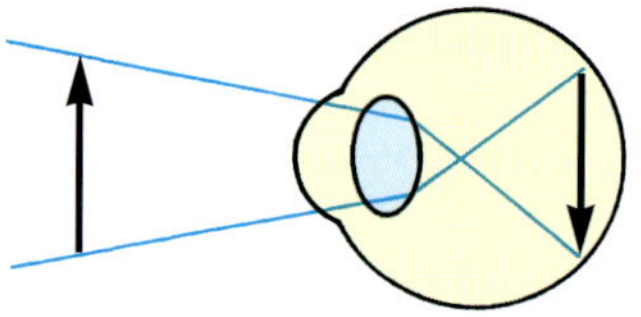

近くを見るとき

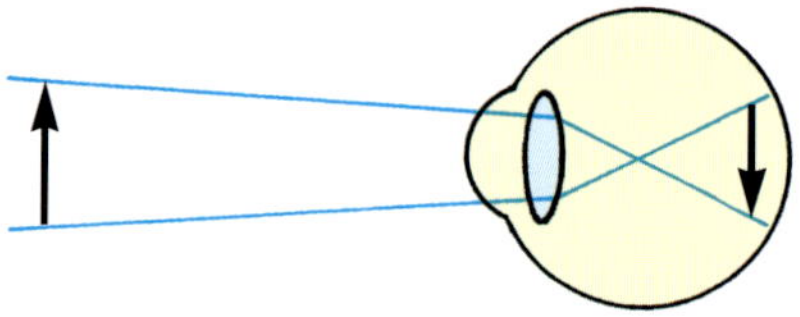

遠くを見るとき

- **強膜《きょうまく》・脈絡膜《みゃくらくまく》**…カメラのボディにあたり、光を遮って暗箱を形成します。
- **角膜《かくまく》・水晶体《すいしょうたい》**…光を屈折して、網膜に像を結ぶレンズの役割をしています。水晶体の周辺にある「毛様体筋《もうようたいきん》」という筋肉の収縮によって、水晶体の厚みを変え、焦点距離を調整してピント調節をします。上の図のように近くのものを見るときに水晶体は膨らみ、遠くのものを見るときに水晶体は薄くなります（網膜では、倒立した像が結ばれます）。
- **虹《こう》　彩《さい》**…カメラの絞りにあたり、目に入る光の量を調節します。虹彩によって開かれた穴が**瞳孔《どうこう》**です。明るいところでは、入ってくる光の量を少なくするために瞳孔の直径を小さくします。一方、暗いところでは、瞳孔の直径を大きくして光を多く取り入れます。

「虹彩」の模様は、指紋と同じように、人によって微妙に違うのよ。周りの人の虹彩を見比べてみてね。遺伝子に関係なく偶然にできるので、一卵性双生児でも違うのよ。しかも、虹彩は2歳ぐらいで完成して、一生変わらないの。虹彩のこのような違いを利用して個人を認識するシステムが、現在商品化されつつあるわ。暗証番号の代わりに虹彩が使われる日が将来くるかもしれないわね。

■2種類の視細胞で映像を写し撮る「網膜」

眼球でフィルムの役目を受け持つのは網膜《もうまく》です。レンズによって屈折させられた光は、中心窩《ちゅうしんか》と呼ばれる網膜の中心のへこんだ部分に集まり、外界の像が結像します。

網膜には、錐体《すいたい》(＊1)と杆体《かんたい》(＊2)という、働きの異なる2種類の視細胞《しさいぼう》があります。

- 錐体…明るいところで働き、明るさや色を識別します。いわばカラーフィルムのようなものです。
- 杆体…暗いところで働き、明暗を識別します。いわば白黒フィルムのようなものです。

錐体は中心窩付近に密集しています。一方、杆体は網膜の中心窩付近には存在せず、その周りに多く分布しています。明るいところでは物をはっきり見ることができるのに、暗いところでは形の細部を見分けられないのはそのためです。しかし、杆体は錐体よりも感度がよく、わずかな光でも働くことができます。

目に入った光は網膜で結像し、網膜にある視細胞が複雑な処理をして、光の刺激を電気信号に変えます。この信号が視神経《ししんけい》によって脳に伝えられて、色の感覚が生じるのです。

視神経が束ねられて目から脳へと出ていく部分を視神経乳頭《ししんけいにゅうとう》といいます。この部分には視細胞がないので、ここに結ばれた像は見ることができません。これを盲点《もうてん》(＊3)といいます。

(＊1)「錐状体」と表すこともあります。
(＊2)「桿《かん》体」とか「桿状体」と表すこともあります。
(＊3)この現象を発見したフランスの科学者にちなんで「マリオットの暗点」とも呼ばれます。

「盲点」を確かめよう

盲点の存在に、日常生活では気付くことはありません。しかし、以下のような実験をすると、盲点の存在を確かめることができます。

右目の盲点を観察するには左目をつぶり、右目だけで下の図の★を約25cmの距離でじっと見つめてください。そのとき、▲は見えていますね。

ここで、この本をゆっくりと近づけてみてください。▲が消えたでしょう。これは、▲が右目の盲点になっているためです。

左目の盲点を観察するには、▲を左目だけ見つめると★が消えます。

●これだけは、覚えておこう●

[目の構造]

●眼の構造はカメラの構造に似ている。

	カメラ	目
暗箱	ボディ	強膜と脈絡膜
結像	レンズ	角膜と水晶体
光の量の調節	絞り	虹彩
感光剤	フィルム	網膜

●視細胞には、明るいところで働き、明るさや色を識別する「錐体」と、暗いところで働き、明暗を識別する「杆体」がある。

色が見える経路

色は、下の図のような道筋をたどって知覚されます。

光源からの光が物体に当たって、物体から反射した光を目の網膜で感光します。その光の刺激が視神経によって、大脳の視覚中枢に伝えられて物の色として知覚されます。

脳では、色を感じると同時に、その光がどこから来ているかを判断します。こうして、色があたかもそこにあるように思うのです。そして、過去の経験や記憶から、さまざまな連想や感情が呼び起こされます。色を見ること、すなわち物を見ることによって情緒も起こるのです。

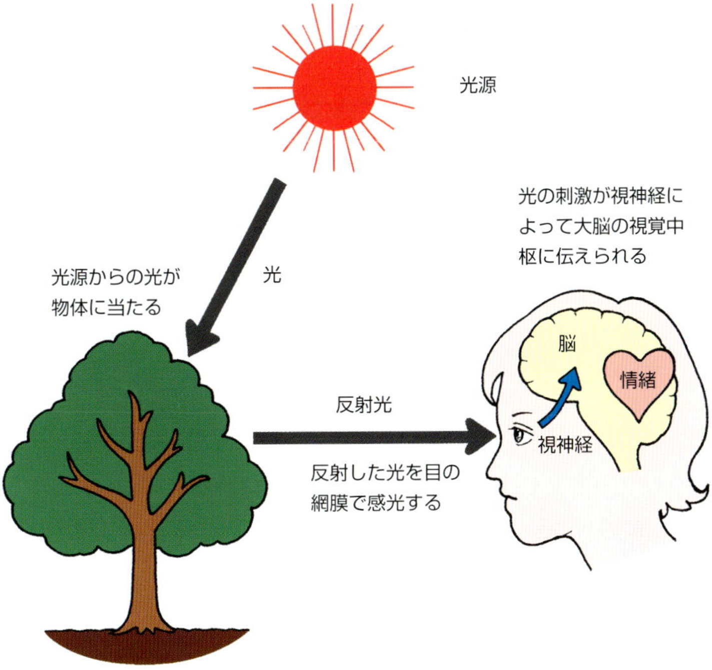

明順応と暗順応

明るいところから突然暗い映画館の上映ホールに入ったら、暗くて座席が見えなくて、とまどったことはありませんか。しかし、しばらく時間がたつとしだいに目が暗さに慣れてきて、周りのものが見えるようになってきますね。

これは、明るいところで眠っていた視細胞の杆体が働き始めたからです。杆体は働き出すのに時間がかかります（完全に働くまでに30分ぐらいかかるのです）。このように、目が暗さに慣れて物が見える現象を「暗《あん》順応《じゅんのう》」といいます。

左右の眼は独立して働いているので、暗いところに入る少し前に片目を閉じて、あらかじめ片方の杆体を起こしておくことができます。こうしておいて、暗いところに入ってから閉じていた目を開けると、すぐに周りのものを見ることができます。

一方、暗いところから明るいところに出ると、一瞬まぶしさを感じますが、すぐに目は明るさに慣れて見えるようになります。これは、暗いところで眠っていた視細胞の錐体が働き出したからです。錐体は、杆体とは異なり、働き出すのにあまり時間がかかりません（完全に働くまでの時間が７分ぐらいです）。このように、目が明るさに慣れて物が見える現象を「明順応《めいじゅんのう》」といいます。

私たちの目はこの２種類の視細胞をもっているおかげで、月明かりのかすかな光からまぶしい太陽の光まで、さまざまな明るさの中で物を見分けることができるようになっているのです。

第2章

色の整理分類

●色を上手に使うために

第2章	色の整理分類　●色を上手に使うために

色を分類しよう

■有彩色と無彩色

私たちはさまざまな色に囲まれて生活しています。目に映るものはすべて色をもっていますが、色は一体いくつくらいあるのでしょうか。

人間が識別できる色は、一般には約750万〜1000万色といわれています。この膨大な数の色を上手に使いこなすために、まず色を整理分類して、把握しやすいようにしておきましょう。

色には、赤、黄、緑、青、紫などのように色みのある色と、白、黒、グレイのように色みのない色とがあります。色みのある色を有彩色《ゆうさいしょく》、色みのない色を無彩《むさい》色《しょく》といいます。すべての色は、まずこれら２つのグループに分類することができます。

赤、黄、緑、青、紫などのように色みのある色

‖

有彩色

白、黒、グレイのように色みのない色

‖

無彩色

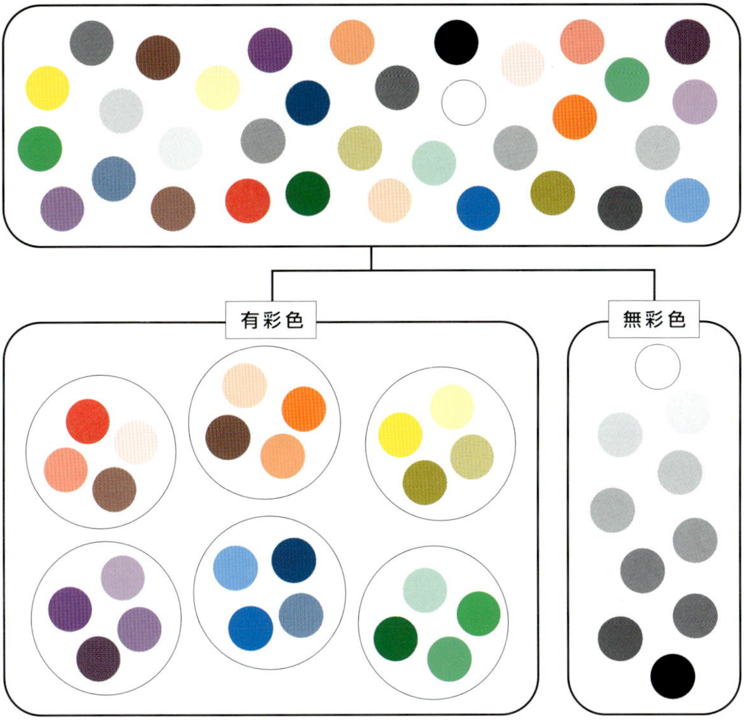

■色の三属性

有彩色のグループの中には、赤みがかった色や黄みがかった色など、さまざまな色みをもった色が含まれています。有彩色は、どんな色みをもっているかによってさらに分類できるのです。この「赤み」「黄み」などという色みの性質のことを色相《しきそう》といいます。

色の中で最も明るいのは白で、最も暗いのは黒です。無彩色のグループの中には、この白と黒、そしてその間にあるさまざまな明るさのグレイが含まれています。無彩色は、明るさの度合いによってさらに分類できます。もちろん有彩色にも、明るい色や暗い色があります。このような色の明るさの度合いを明度《めいど》といいます。

また、有彩色には濃い色や薄い色があります。例えば、同じ赤の色みをもった色でも、真っ赤に見える色もあれば、うっすらと赤みを帯びて見えるような色もあります。真っ赤に見える色は赤の色みが強く、うっすらと赤みを帯びて見える色は赤の色みが弱いのです。このような色みの強弱の度合いを彩度《さいど》といいます。

色には以上のように「色相」「明度」「彩度」という3つの属性(＊1)があり、これらを色《いろ》の三属性《さんぞくせい》(＊2)といいます。これら3つの属性によって、色は識別できるのです。

有彩色は3つの属性をすべてもっていますが、無彩色には色みがないので、色みの強弱もありません。つまり、無彩色には色相と彩度はなく、明度だけがあるということになります。したがって、無彩色は明度だけで識別します。

(＊1)「属性」とは、生まれながらにしてもっている性質のことをいいます。ここでは色が本来もっている性質のことと理解しておくとよいでしょう。

(＊2)「色知覚の三属性」ともいいます。

●これだけは、覚えておこう●

[色を分類しよう]

●赤、黄、緑などのように色みがある色を「有彩色」といい、白、黒、グレイのように色みがない色を「無彩色」という。

●色には、「色相」「明度」「彩度」の3つの属性がある。

色の三属性
- 色相…色みの性質
- 明度…色の明るさの度合い
- 彩度…色みの強弱の度合い

●有彩色は色相、明度、彩度で識別する。
無彩色は明度だけで識別する。

色相

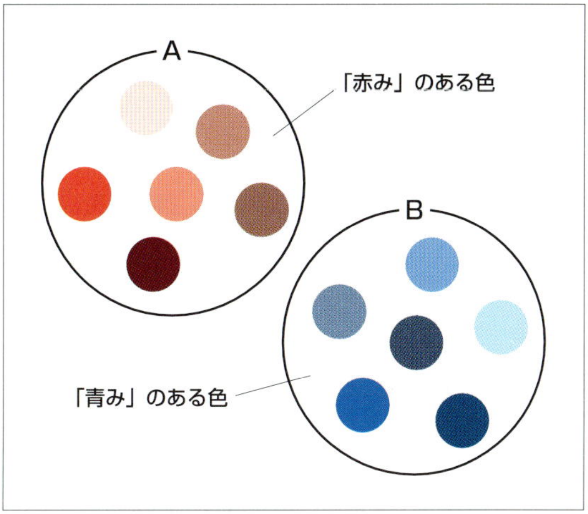

有彩色は、赤み、黄み、青みなどの色みをもっています。例えば、右の図を見てみましょう。Aのグループに含まれている色は、ひとつひとつ異なった色ですが、すべて赤みがかっています。また、Bのグループの色は、青みがかっています。このような「赤み」「青み」などという色みの性質のことを**色相**《しきそう》(hue《ヒュー》)といいます。

有彩色は色みの性質によって分類できます。しかし色みは、スペクトル（17ページ参照）に見られるように、切れ目なく変化しているので、分類するためにはいくつかのグループに区切らなければなりません。色相の分け方はいろいろありますが、本書では、**ＰＣＣＳ（日本色研配色体系）**(＊)という体系に基づいて解説します。

ＰＣＣＳでは、色相を次ページの表のように24分割しています。色みを24のグループに分けたのですから、有彩色はすべて、これら24色相のいずれかのグループに入ります。

各色相には、「赤」「青緑」などの**色相名**《しきそうめい》と、１～24番までの**色相番号**《しきそうばんごう》がつけられています。色相名の代わりに色相番号を用いて、色相を表すこともできます。

色相名にある「…みの」は、色みの偏りを表しています。例えば「緑みの青」は青なのですが、「青」よりは少し緑みがかっているという意味です。一方「青緑」は、青と緑の中間の色相を表しています。したがって、「緑みの青」と「青緑」とでは、「緑みの青」のほうが「青」に近い色みをしていることになります。

（＊）ＰＣＣＳについては、本章の「表色系」の項で説明します。

●PCCSの色相

	色相番号	色相名		色相番号	色相名		色相番号	色相名
	1	紫みの赤		9	緑みの黄		17	青
	2	赤		10	黄緑		18	青
	3	黄みの赤		11	黄みの緑		19	紫みの青
	4	赤みのだいだい		12	緑		20	青紫
	5	だいだい		13	青みの緑		21	青みの紫
	6	黄みのだいだい		14	青緑		22	紫
	7	赤みの黄		15	青緑		23	赤みの紫
	8	黄		16	緑みの青		24	赤紫

（「だいだい」は「オレンジ」としてもかまいません）

PCCSの色相は、以下のようにして分割されています。

①人間の色知覚の基本をなす「赤」「黄」「緑」「青」の４色（これらを心理《しんり》四原色《よんげんしょく》といいます）を色相分割の基本として円周上に並べます。

②この４色の心理補色《しんりほしょく》(＊)をそれぞれの対向位置に置きます。これで、８色相に分割されたことになります。

③それぞれの色相の間隔が等しく見えるように、さらに４色相を加えて12色相に分割します。

④この12色相の中間に色相を１つずつ加えて、24色相にします。

右ページの図のように、色相を環状に配列したものを色相環《しきそうかん》といいます。

（＊）「心理補色」とは、ある色をしばらく見つめた後、白い紙などに目を移した場合に残像として現れる色をいいます。この現象については、第６章で説明します。

●PCCS色相環

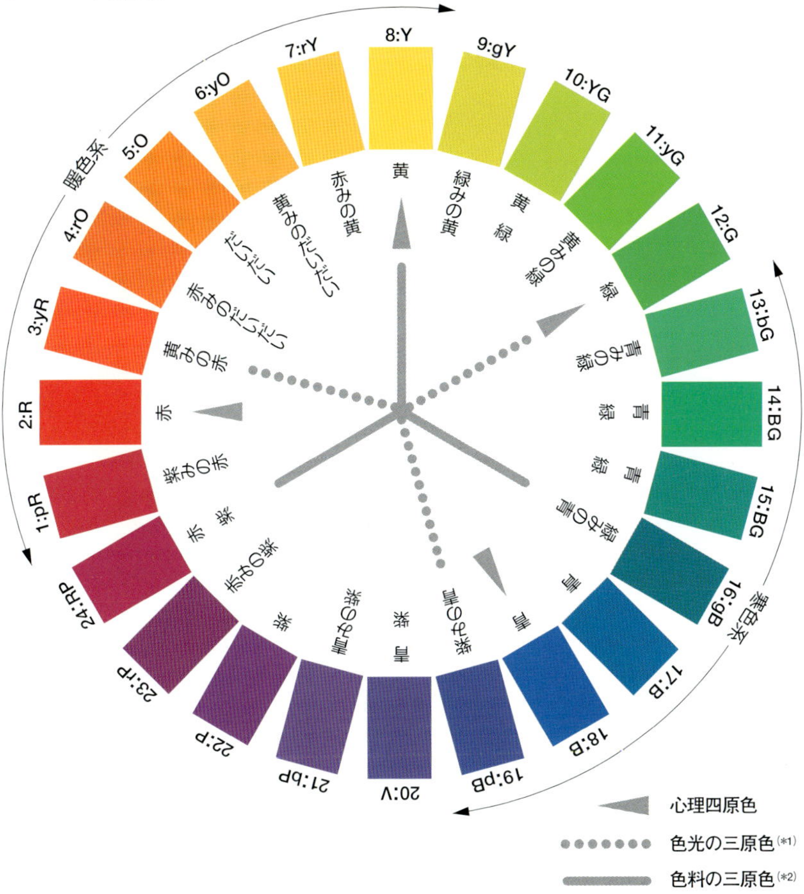

- 色相環上には、それぞれの色相を代表する色として、最も色みの強い色が並べられています。
- 色相環上で相対する位置にある色どうしは、たがいに心理補色の関係にあります。
- 「2：R」や「18：B」などは色相記号《しきそうきごう》です。2：Rは色相番号2のRedすなわち赤を表し、18：Bは色相番号18のBlue（青）を表しています(62ページ参照)。

（＊1）（＊2）これらについては、第4章で説明します。

●PCCS色相環（12色相）

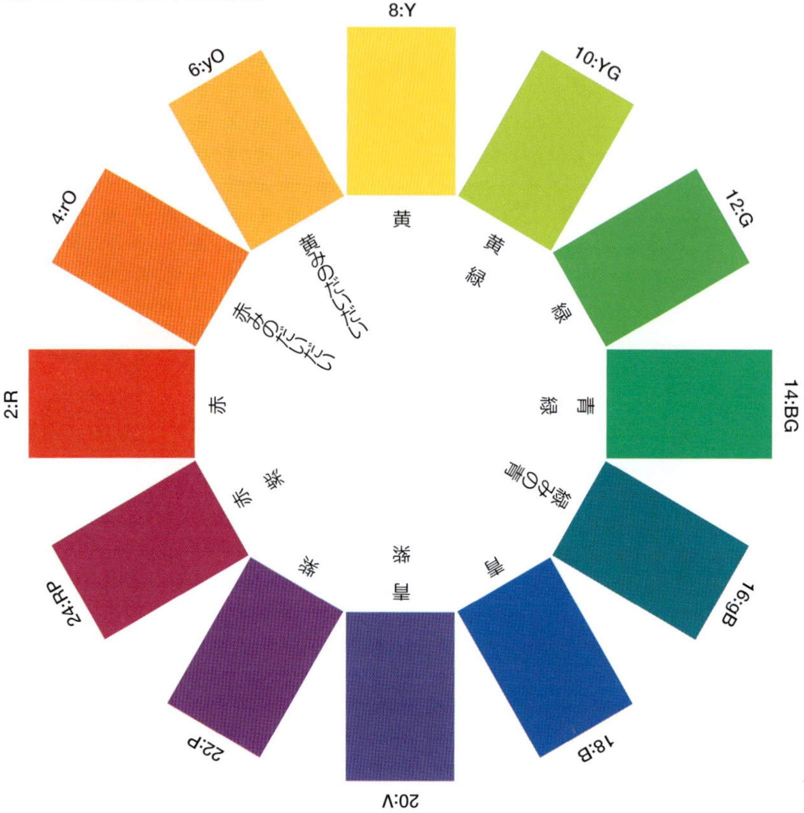

PCCSでは色相を24に分けていますが、色彩学習には12色相でも十分なので、一般には上のように色相番号が偶数の12色相を用いています。

各色相の色みと色相名、色相番号が結びつくようにしっかりと覚えましょう。色相番号を覚えておくと、配色を考える場合や補色を求める場合にとても便利ですよ。補色どうしは色相番号の差が12になっているので、色相番号に12を足すか、色相番号から12を引くかすれば簡単に補色がわかります。

下の(a)の色は、(b)の色に白を加えてできた色で、(b)より薄くなっているけど、色相は同じ「青」ね。それでは①～⑤の色は、左ページの色相環上に並んでいる12色相のうち、どれと色みが同じかわかる？

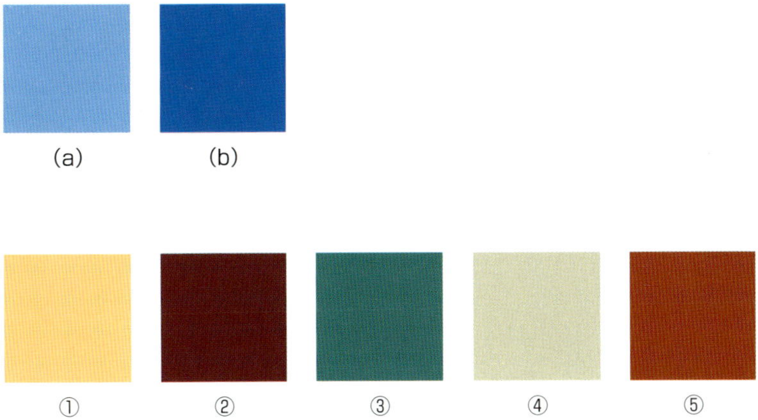

答え
①「黄みのだいだい」（色相環上の「黄みのだいだい」に白を加えてできた色です）
②「赤」（色相環上の「赤」に黒を加えてできた色です）
③「青緑」（色相環上の「青緑」にグレイを加えてできた色です）
④「黄」（色相環上の「黄」に明るいグレイを加えてできた色です）
⑤「赤みのだいだい」（色相環上の「赤みのだいだい」に黒を加えてできた色です）

いくつ正解できましたか。色を見て、その色の色相を見分けるのは、慣れないうちは、なかなか難しいものです。しかし、それぞれの色相をしっかり覚えて、日ごろから意識して色を見るように心がければ、しだいにわかるようになるでしょう。

下の写真に写っているそれぞれの色の色相を当てて
みましょう。

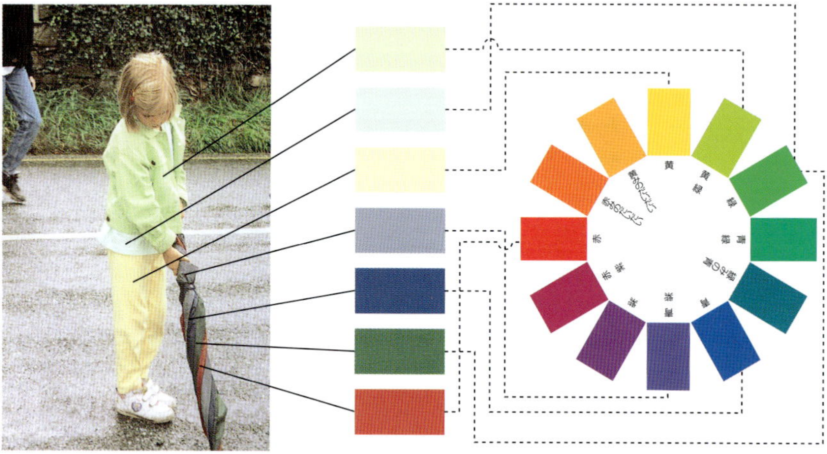

●これだけは、覚えておこう●

[色相]

●「色相」とは、赤み、黄み、青みなどの色みの性質のことである。

●ＰＣＣＳでは、色相を24に分割している。

（各色相の色みと色相名、色相番号が結びつくように覚えよう）

●色相を循環的に配列したものを「色相環」という。

●ＰＣＣＳ色相環の相対する位置には心理補色が配されている。

●心理四原色は、「赤」「黄」「緑」「青」の４色である。

明度

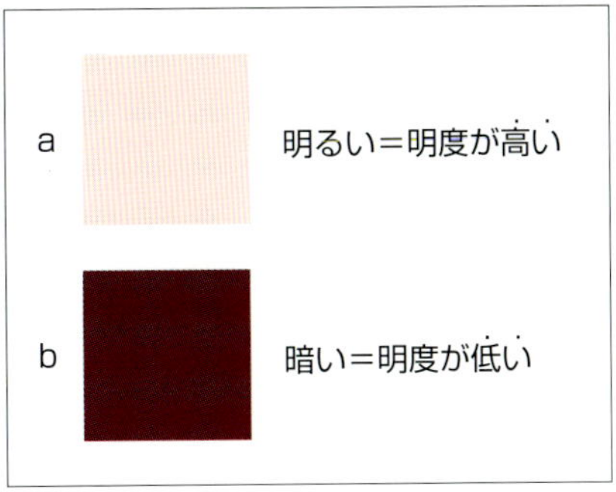

■明度段階

有彩色、無彩色を問わず、どんな色にも明るさがあります。明度《めいど》（lightness《ライトネス》）とは、このような色の明るさの度合いのことをいい、明るい色を「明度が高い」、暗い色を「明度が低い」と表現します（「明度が明るい」「明度が暗い」とはいいません）。

明度を表すための基準、つまり色の明るさを測るものさしが「明度段階」です。ＰＣＣＳでは明度段階を次のように設定し、数値で示すようになっています。

色の中で、最も明るい色は白、最も暗い色は黒です。この白と黒の間に、感覚的に等歩度になるようにグレイを配置し、明度を９段階に分割します。そして、白を9.5、黒を1.5とし、その間にあるグレイに、明るいほうから順に8.5、7.5、6.5、5.5、4.5、3.5、2.5と数値を付してあります。さらに細かく分類する場合は、9.5と8.5の間に9.0を、8.5と7.5の間に8.0を、というように、９段階の間に9.0、8.0、7.0、6.0、5.0、4.0、3.0、2.0の８段階を設け、17段階に分割します。

明度段階を図に表す場合は、必ず明るい色を上に置き、暗い色を下に配置します。このように無彩色を置いていくと、右の図のような垂直な軸ができます。これを無彩色《むさいしょく》の軸《じく》と呼びます。

●ＰＣＣＳの明度段階

明度（高い↑↓低い）			
高明度	9.5		白（W）
	8.5		ライトグレイ（ltGy）
	7.5		
中明度	6.5		ミディアムグレイ（mGy）
	5.5		
	4.5		
低明度	3.5		ダークグレイ（dkGy）
	2.5		
	1.5		黒（Bk）

ここで、白と黒の明度数値について、少し説明しておきましょう。

色の明るさの度合いは、反射する光の量によって決まります。光を多く反射する物体は明るく見えます。一方、光を多く吸収し、反射する光の量が少ないと暗く見えます。

当たった光を100%反射する物体があれば、理想的な白、つまり明度10.0の白といえるでしょう。しかし、このような物体は存在しません。どんなに白く見えているものでも、必ずわずかに光を吸収しているのです。同様に、光を100%吸収する物体も存在しないので、理想的な黒、つまり明度0.0の黒も存在しません。そこで、現実に表すことのできる白の数値を9.5、黒の数値を1.5としているのです。

■有彩色の明度

有彩色にも、ピンクのように明るい色もあれば、茶色のように暗い色もあります。このような有彩色の明度は、無彩色の明度段階の数値で表します。

ここで、白黒写真について考えてみましょう。白黒写真では、どんな色も白、黒、グレイの明暗の階調に変わります。白黒フィルムは色をそのまま再現するのではなく、色がもっている明るさを、その明るさと同じ明るさのグレイに置き換えて再現するのです。例えば、下のように被写体が真っ赤な服を着ていたら、白

白黒写真

白黒写真だと、赤い服は同じ明るさのグレイになります。明度4.5のグレイと同じ明るさなので、この赤の明度は4.5だといえます。

黒写真ではやや暗めのグレイを着ているように写ります。これは真っ赤な色の明度がやや低いからです。

このことから、有彩色の明度はその明るさに対応するグレイの数値で表されることが理解できるでしょう。

右の図は、「赤」と「青」の色相のそれぞれの色の明度を示したものです。

●有彩色の明度（赤・青）

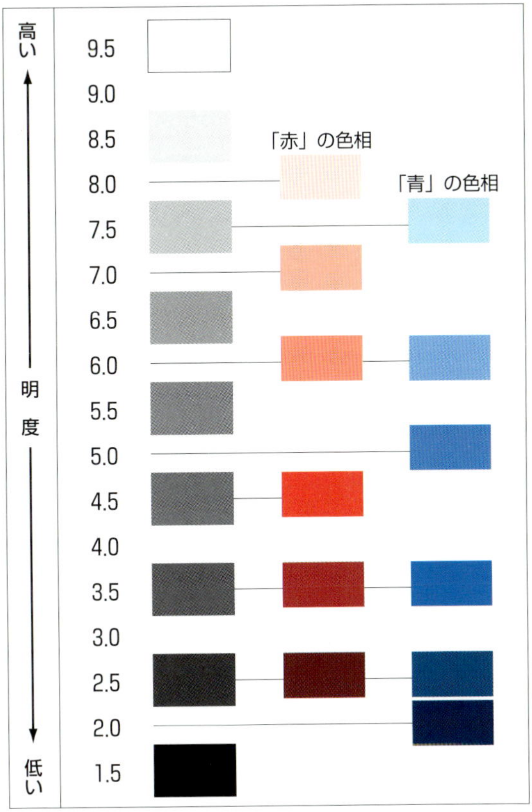

●これだけは、覚えておこう●

[明度]

● 「明度」とは、色の明るさの度合いのことである。

●ＰＣＣＳでは、明度段階を９段階（細分する場合には、17段階）に分割し、数値で表す。

●明度段階の数値は、白を9.5、黒を1.5とし、明るいグレイから順に、8.5、7.5、6.5、5.5、4.5、3.5、2.5となっている。

彩度

■彩度とは

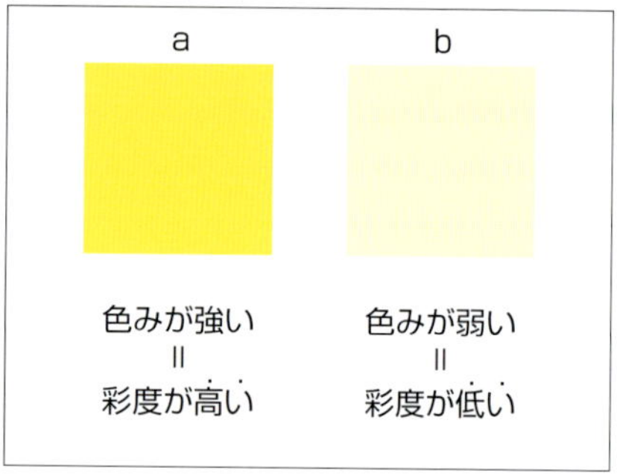

色には、濃い色や薄い色があります。例えば、同じ黄の色みをもった色でも、aのような真っ黄色もあれば、bのような薄い黄色もあります。aの色は黄の色みが強く、bの色では黄の色みがうっすらとしか感じられないほど弱いのです。このような色みの強弱の度合いを**彩度**《さいど》（saturation《サチュレーション》）といいます。色みの強い色を「彩度が高い」、色みの弱い色を「彩度が低い」と表現します（「彩度が強い」「彩度が弱い」とはいいません）。aの色は彩度が高く、bの色は彩度が低いということになります。

彩度を「色の鮮やかさの度合い」と書いた本が多く見受けられますが、「鮮やかさ」という言葉の解釈があいまいであるため、きちんとした理解に結びつきにくいようです。彩度は「色みの強弱の度合い」と覚えておきましょう。

■彩度段階

ＰＣＣＳでは、彩度を９段階に分け、色みの強弱を測る尺度としています。これを「彩度段階」といい、彩度の高い順に9s、8s、7s、6s、5s、4s、3s、2s、

●ＰＣＣＳの彩度段階

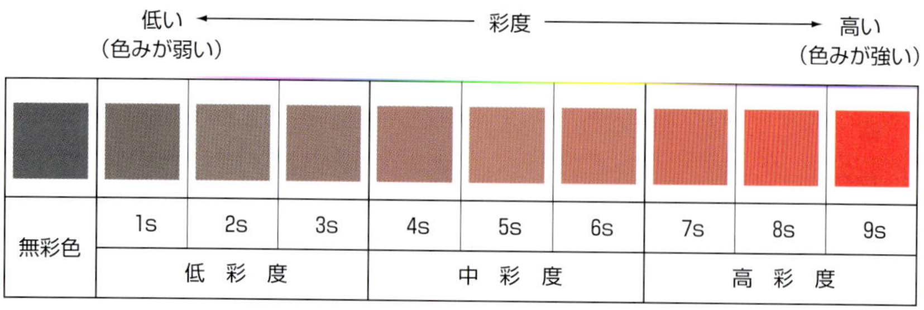

彩度は、無彩色からどのくらい離れているかを表したものです。無彩色に近いところにある色は彩度が低く、無彩色から離れるほど彩度が高くなっていきます。

1sと、数値にsaturationの頭文字 s をつけた記号で表します。どの色相においても最高彩度は9sで、数値が大きいほど彩度が高く、数値が小さいほど彩度が低くなります。大まかに「高彩度」「中彩度」「低彩度」と分ける場合には、9s、8s、7sが高彩度、6s、5s、4sが中彩度、3s、2s、1sが低彩度となります。

saturationは、本来「飽和度《ほうわど》」という意味をもつ語です。「飽和」とは、最大限まで満たされた状態のことで、色に関しては「色の純粋さ」を意味します。色は、白、黒、グレイが多く混ざれば混ざるほど、純粋さを失っていきます。色みが飽和状態にある色、つまり純粋に色みだけで、白、黒、グレイの要素を全く含んでいない色のことを**純色《じゅんしょく》**といいます。純色は、最も色みの強い色（最も彩度の高い色）ということになります。

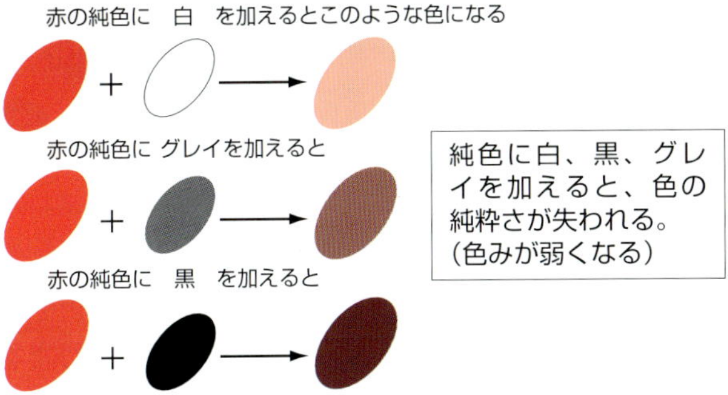
赤の純色に　白　を加えるとこのような色になる
赤の純色に グレイを加えると
赤の純色に　黒　を加えると
純色に白、黒、グレイを加えると、色の純粋さが失われる。（色みが弱くなる）

●これだけは、覚えておこう●

[彩度]

● 「彩度」とは、色みの強弱の度合いのことである。

●ＰＣＣＳでは、彩度段階を彩度の高い順に、9s、8s、7s、6s、5s、4s、3s、2s、1sと、９段階設けている。

● s の記号は、saturationのイニシャルで、「飽和度」を表す。

●9s、8s、7sが「高彩度」、6s、5s、4sが「中彩度」、3s、2s、1sが「低彩度」である。

●各色相の中で最も彩度の高い色を「純色」という。

トーン

■トーンとは

　すでに述べたように、有彩色は色みの性質、つまり色相によって24のグループに分類することができます。ここで、「赤」の色相のグループの中をのぞいてみましょう。この中には真っ赤なさえた色もあれば、鈍い感じの色もあります。また明るい色や暗い色もあります。色みが「赤」の色はすべてこのグループに入ります。ですから、このグループには色相が「赤」であるさまざまな調子の色が含まれているのです。

　このような「さえた」「鈍い」「明るい」「暗い」などの色の調子をトーンと呼びます。トーンは、その色の明るさの度合い（明度）や色みの強弱の度合い（彩度）によって決まります。そこで、明度と彩度をひとまとめにして、直感的な色の印象を表したものがトーンというわけなのです。有彩色は、色相・明度・彩度という３つの属性によって表すことができますが、明度・彩度を「明度8.0、彩度３s」と数値で表す代わりに、トーンを用いて「ペールトーン（うすい色調)」と表せば、色の印象をひと目でとらえることができます。また、それぞれの色相の色をトーンによってさらに分類しておくと、色を系統的に選び出すことができて便利です。

　この「トーン」という概念は、色相に関係なく共通の印象をもった色をひとまとめにして、配色などに役立てようと考えられたもので、ＰＣＣＳの特徴となっています。

　ＰＣＣＳは、色相、明度、彩度という３つの属性を基に体系化されたシステムですが、色相（ヒュー）とトーンの２つの要素から成り立っているともいえます。この２つの要素に基づいてまとめられた色の体系のことをヒュートーンシステムと呼んでいます。

●PCCSのトーンの分類

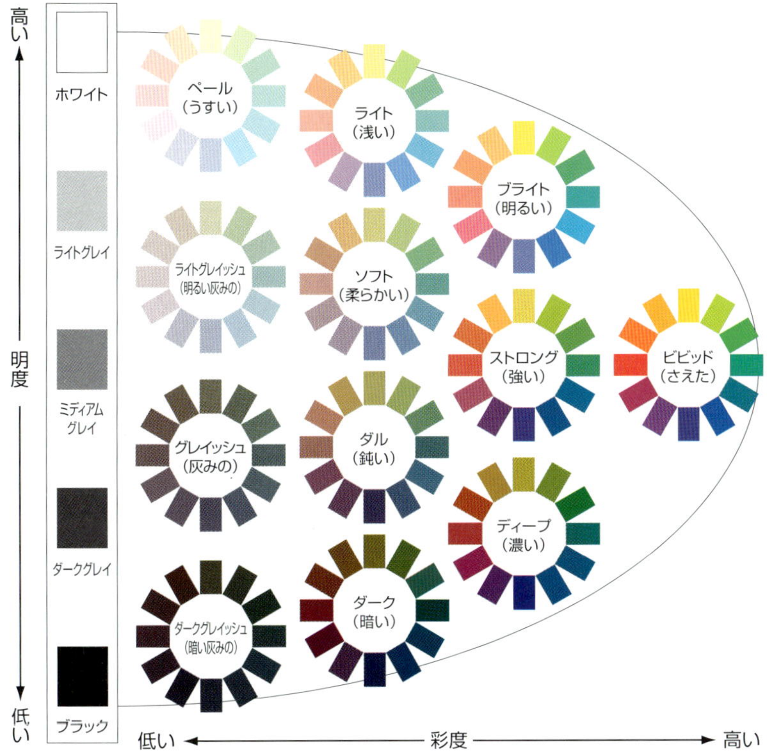

■トーンの分類

ＰＣＣＳでは、トーンを上の図のように分類しています。それでは、それぞれのトーンについて図を使って詳しく解説していきましょう。

色を図に表すには、次のようなルールがあります。

⑴明るい色は上に、暗い色は下に置きます。

⑵色みの弱い（彩度が低い）色ほど無彩色の軸の近くに置き、色みの強い（彩度が高い）色ほど無彩色の軸から遠くに置きます。

前ページのルールに従って、色を置いてみましょう。まず、色の中で最も明るい色である白がいちばん上に位置し、最も暗い色である黒がいちばん下に位置します。そして、その間にあるグレイも明るい色ほど上に、暗い色ほど下に置きます。これで無彩色の軸ができました。

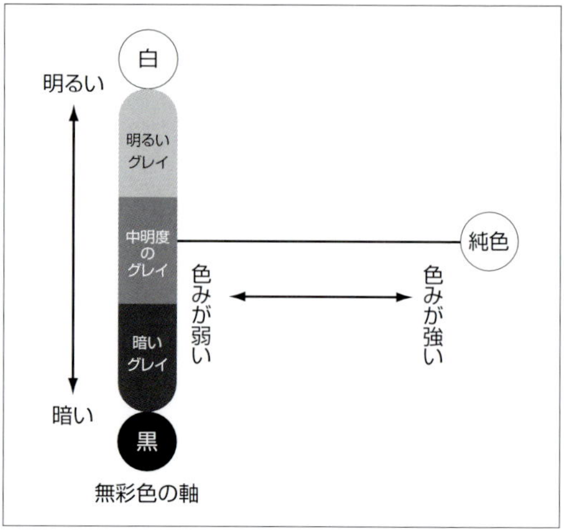

この無彩色の軸から離れると、有彩色の領域となります。無彩色の軸から離れるほど色みが強く（彩度が高く）なり、最も離れたところに最も色みが強い色、つまり純色がきます。純色は最も色みが強いため、さえた色をしています。このような色調をビビッドトーン（さえた色調）と呼んでいます。

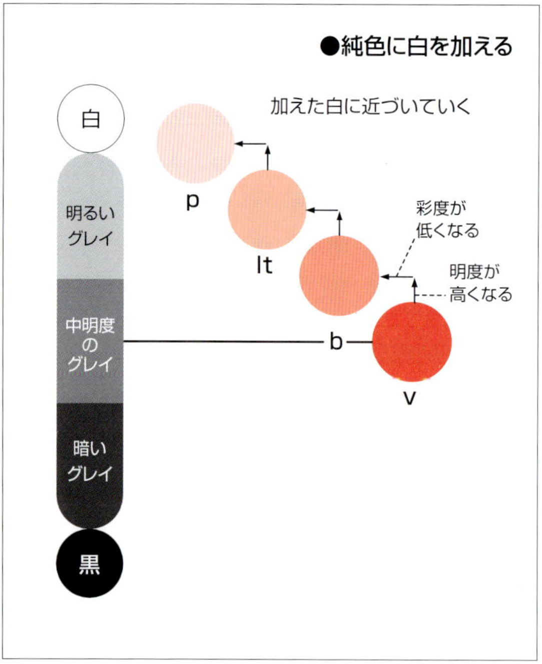

純色に無彩色、つまり白、黒、グレイを加えると、明度と彩度が変化して、トーンが変わっていきます。それぞれの無彩色を加えると色がどのように変化するか考えてみましょう。

◆白を加えた場合

色の中で最も明るい白を加えるのですから、色は明るく（明度が高く）なります。したがって、色の位置は少し上にきます。同時に、白を加えた分だけ色みは弱く（彩度は低く）なるので、色は無彩色の軸に近づきます。

加える白の量を増やすと、さらに明度は高くなり、彩度は低くなります。図でいうと、さらに上に行き、無彩色の軸に近づきます。そして、白の量が増えるほど、色は白へと近づいていきます。

加える白が少しの場合には、明るい調子の色となり、これをブライトトーン（明るい色調）と呼びます。白の量が増え、彩度が中くらいになるとライトトーン（浅い色調）となり、さらに白を加えるとペールトーン（うすい色調）ができます。

◆黒を加えた場合

色の中で最も暗い黒を加えるのですから、色は暗くなります。したがって、色の位置は下になります。また、黒を加えた分だけ色みは弱くなり、無彩色の軸に近づきます。

このように、黒を少し加えてできた濃い調子の色をディープトーン（濃い色調）と呼びます。

ディープトーンの色にさらに黒を加えると、明度も彩度もさらに低くなって、暗い調子の色になります。このような色をダークトーン（暗い色調）と呼びます。

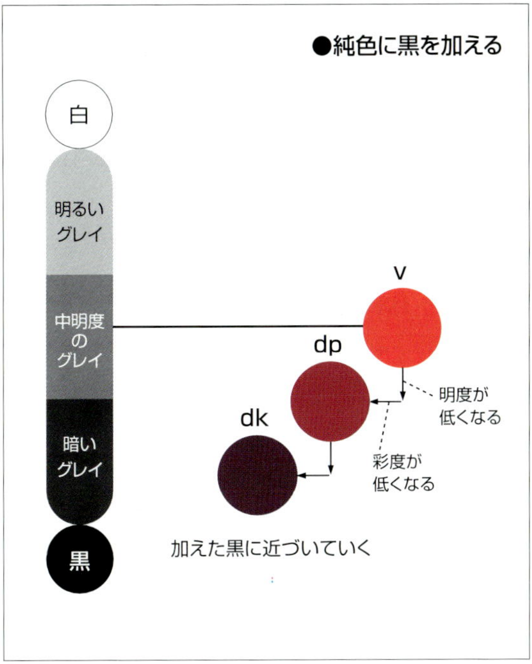

◆グレイを加えた場合

グレイにはいろいろな明るさのグレイがありますが、いずれにしても、グレイを加えると、色はそのグレイへと近づいていきます。そして、加えるグレイの明るさや量によって、いろいろ

●純色にグレイを加える

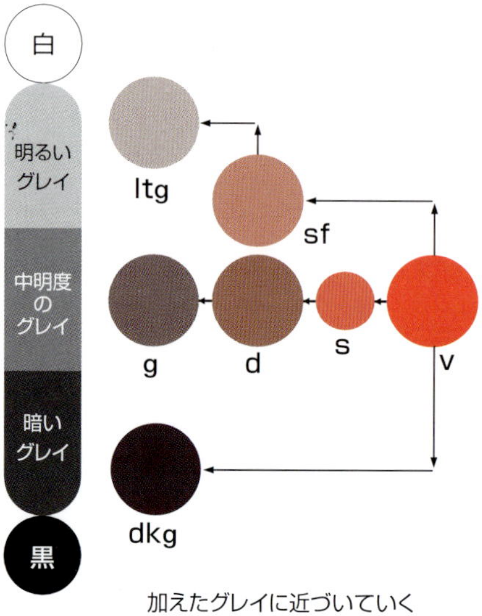

加えたグレイに近づいていく

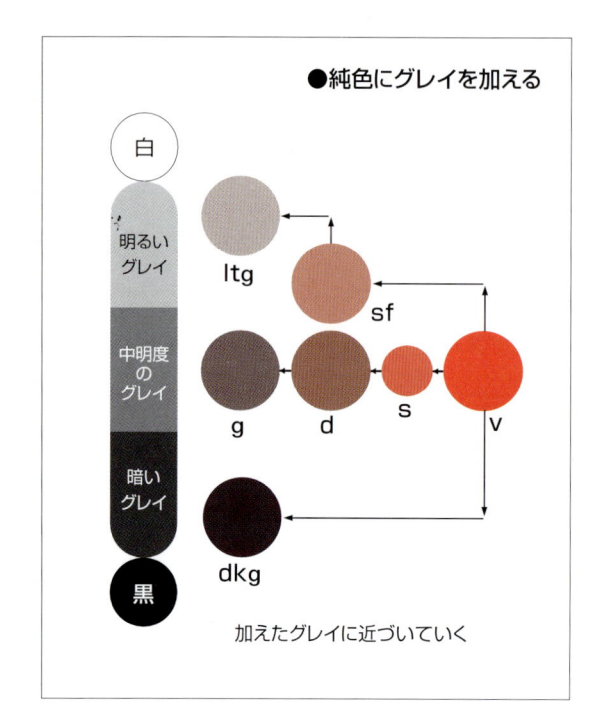

な調子の色ができます。

純色と同じくらいの明度のグレイを加えると、その分だけ色みは弱くなりますが、明度が同じなので、いくら加えても明るさは変わりません。つまり、明度は変わらず、彩度だけが低くなって、加えたグレイへと近づいていきます。加えるグレイの量が少ない場合、色は強い調子に見えます。これを**ストロングトーン**（強い色調）(＊)と呼びます。さらにグレイを加えると**ダルトーン**（鈍い色調）となり、もっと加えると**グレイッシュトーン**（灰みの色調）の色ができます。

次に、純色に比較的明るいグレイを加えると、彩度が中くらいになったところでは、柔らかい調子になります。これを**ソフトトーン**（柔らかい色調）と呼びます。明るいグレイをさらに加えると**ライトグレイッシュトーン**（明るい灰みの色調）になります。

最後に、比較的暗いグレイを加えてみると、明度も彩度もしだいに低くなり、加えたグレイへと近づいていきます。暗いグレイをたくさん加えると、暗くて彩度の低い**ダークグレイッシュトーン**（暗い灰みの色調）と呼ばれるトーンになります（中彩度では、暗いグレイを加えた場合もダルトーンとなります）。

以上のように、ＰＣＣＳでは12のトーンが決められています。右ページの図は、それぞれのトーンの位置関係を示したものです。

（＊）グレイを少ししか加えない場合は、グレイの明度に関係なく、ストロングトーンとなります。

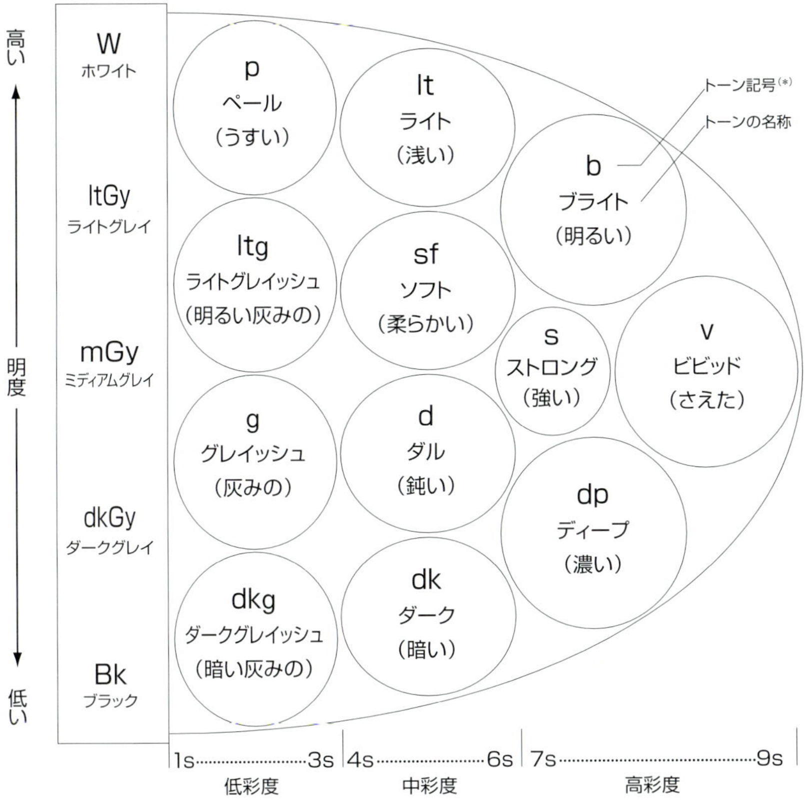

色をトーンごとにとらえておけば、配色を考える場合などにとても便利ですよ。6～7ページのカラーチャートを作製して、各トーンの色と上の図を見ながら、トーンの名称とトーン記号、トーンの位置をしっかりと覚えましょう。

（＊）トーン記号は、アルファベットの小文字をブロック体で表記するように決められています。

●トーンと明度・彩度の関係

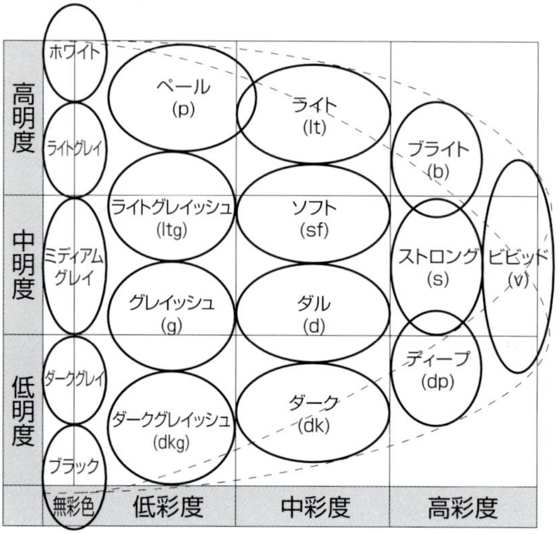

前ページのトーンの位置を示す図は、ひとつの典型を示したものです。純色の明度が色相によって異なるため、この図の形は点線のように色相によって異なっています。同じトーンの色でも、色相によって明度は異なるのです。

●彩度によるトーンの分類

	低彩度トーン	中彩度トーン	高彩度トーン
彩度	1s,2s,3s	4s,5s,6s	7s,8s,9s
トーン	ペール（p） ライトグレイッシュ(ltg) グレイッシュ（g） ダークグレイッシュ(dkg)	ライト（lt） ソフト（sf） ダル（d） ダーク（dk）	ビビッド（v） ブライト（b） ストロング（s） ディープ（dp）

トーンは彩度の違いによって、上の表のように高彩度《こうさいど》トーン、中彩度《ちゅうさいど》トーン、低彩度《ていさいど》トーンに分類されます。

また、純色に加える無彩色の違いによって生じる印象から、次のような分類でとらえることもできます。

◆明清色《めいせいしょく》（ティントカラー tint color）

純色に白のみを加えてできた色は、明るく澄んだ感じがするので、こう呼ばれています。ブライト（b）、ライト（lt）、ペール（p）の各トーンの色がこれに当たります。

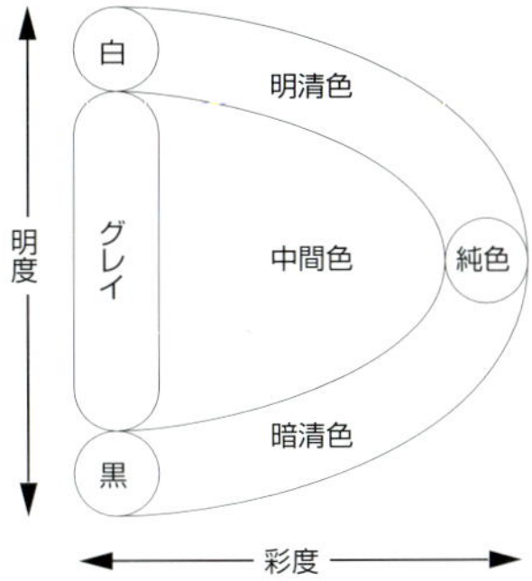

◆暗清色《あんせいしょく》（シェイドカラー shade color）

純色に黒のみを加えてできた色は、暗く澄んだ感じがするのでこう呼ばれています。ディープ（dp）、ダーク（dk）、ダークグレイッシュ（dkg）の各トーンの色がこれに当たります。この中でダークグレイッシュトーンは、暗いグレイを加えてできる色ですが、鈍い色調には見えず、暗く黒に近い色に見えるので暗清色として扱われています。

◆中間色《ちゅうかんしょく》（モデレートカラー moderate color/ダルカラー dull color）

純色にグレイを加えてできた、鈍い色調の一連の色をこう呼んでいます。ソフト（sf）、ダル（d）、ライトグレイッシュ（ltg）、グレイッシュ（g）の各トーンの色がこれにあたります。ストロングトーンもグレイを加えてできる色ですが、加えるグレイが少量であるため鈍い調子にはならないので中間色とはいえません。

●明清色／暗清色／中間色

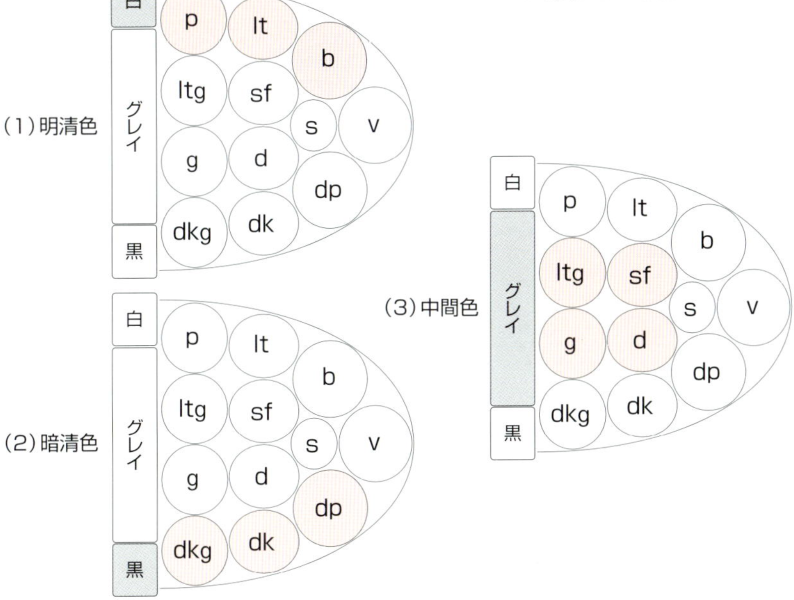

●これだけは、覚えておこう●

[トーン]

●「トーン」とは、「さえた」「鈍い」「明るい」「暗い」などの色の調子のことをいう（明度と彩度が複合したもので、色の印象を表したものである）。

●各トーンの色とトーンの名称、トーン記号、トーンの位置関係を覚えておこう。

●「高彩度トーン」は、ビビッド（v)、ブライト（b)、ストロング（s)、ディープ（dp）の各トーンである。

●「中彩度トーン」は、ライト（lt)、ソフト（sf)、ダル（d)、ダーク（dk）の各トーンである。

●「低彩度トーン」は、ペール（p)、ライトグレイッシュ（ltg)、グレイッシュ（g)、ダークグレイッシュ（dkg）の各トーンである。

●純色に白のみを加えてできる、明るく澄んだ色を「明清色」という。ブライト（b)、ライト（lt)、ペール（p）の各トーンがこれに当たる。

●純色に黒のみを加えてできる、暗くて澄んだ色を「暗清色」という。ディープ（dp)、ダーク（dk)、ダークグレイッシュ（dkg）の各トーンがこれに当たる。

●純色にグレイを加えてできる、鈍い色調の色を「中間色」という。ソフト（sf)、ダル（d)、ライトグレイッシュ（ltg)、グレイッシュ（g）の各トーンがこれに当たる。

トーンのイメージ

色の調子、つまりトーンが異なると、色から受ける印象も違ってきます。それぞれのトーンがどのようなイメージをもっているかをまとめたのが、次ページの図です。

色をトーンごとにとらえ、各トーンの感情効果を把握しておけば、より効果的な色による演出ができるでしょう。

次ページの図に記載したものは一般的なものですが、カラーチャートでそれぞれのトーンの色を見ながら、イメージをふくらませてみましょう。

ペールトーン

甘くロマンティックな表情をもっています。

色をトーンごとにとらえておけば、表現したいイメージに合わせてすぐに色を選び出すことができて便利なのね。

●トーンのイメージ

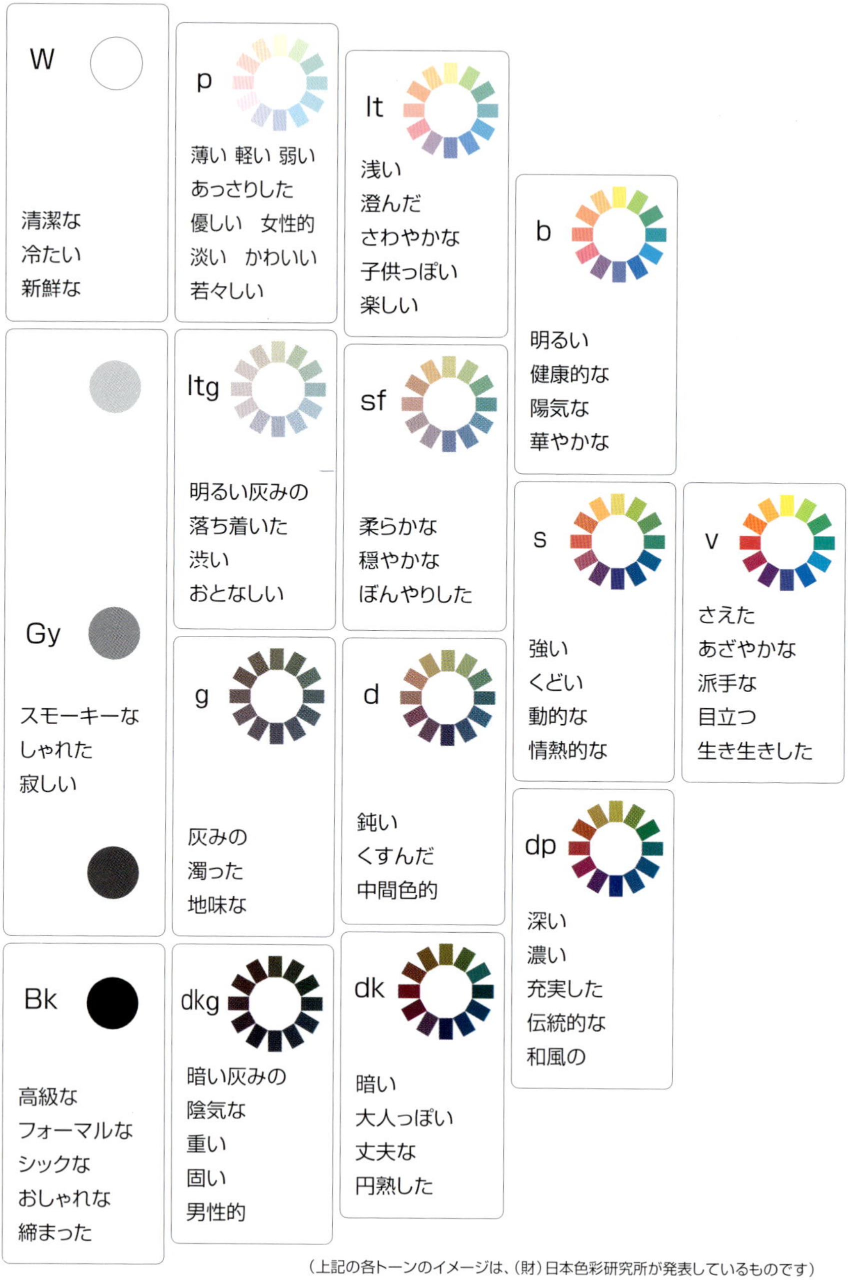

（上記の各トーンのイメージは、（財）日本色彩研究所が発表しているものです）

色立体

■色の三属性を立体的に表す

色は色相、明度、彩度の３つの属性によって表すことができます。そこで、色を系統的に表示するために、色の三属性を３次元の空間に組み立て、立体的に表したものを**色立体**《いろりったい》と呼びます。

「トーン」の項で見てきたように、明度を縦軸に、彩度を横軸にとると、同じ色相の色を平面上に配置することができます。このようにして、ある色相の色を並べたものを**等色相面**《とうしきそうめん》といいます。

各色相の等色相面を、無彩色の軸を中心に色相環と同じ順序で放射状に並べると立体になります。このようにしてできたものが色立体というわけです。すべての色は、この色立体の空間のどこかに位置することになります。

色立体の構成は次のようになっています。

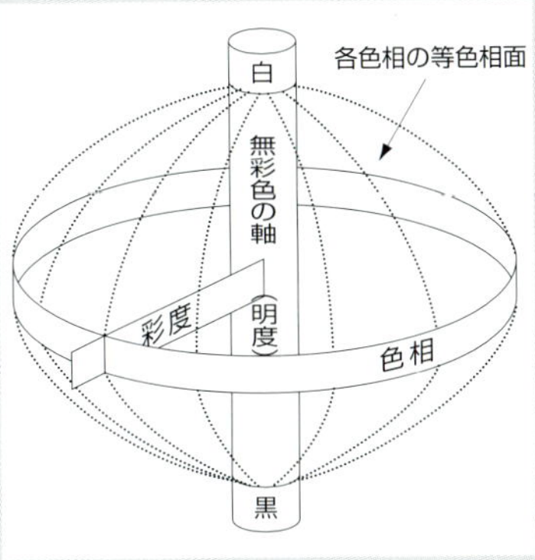

- 中心に無彩色の軸を置き、高さで明度を表します。明るい色は上に、暗い色は下に位置します。
- 彩度は無彩色の軸からの距離で表します。無彩色の軸から離れるほど、彩度が高くなり、最も離れた位置に純色がきます。つまり、彩度の低い色は、無彩色の軸の近くに、彩度の高い色は無彩色の軸から離れたところに位置します。
- 色相は、無彩色の軸を中心として、周囲360度のどの方向かで表します。各色相は、色相環と同じ配列で並んでいます。

ＰＣＣＳ色立体は、真上から見ると正確な円形に見えます。これは、純色の彩度がすべて9ｓとなっているため、どの色相の純色も無彩色の軸から等距離に位置することになるからです。

ＰＣＣＳ色立体の模型

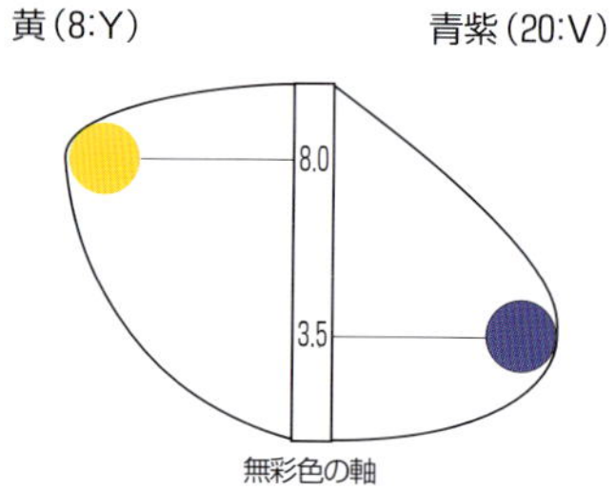

しかし、各色相の純色の明度が異なるため、完全な球体にはなりません。左の図のように、黄の純色は明度が高いので上のほうにあり、青紫の純色は明度が低いので下のほうに位置するのです。

したがって、ＰＣＣＳ色立体の形は、黄方向が高く、青紫方向が低く傾いている、少しゆがんだ形になっています。

●ＰＣＣＳ色立体概念図

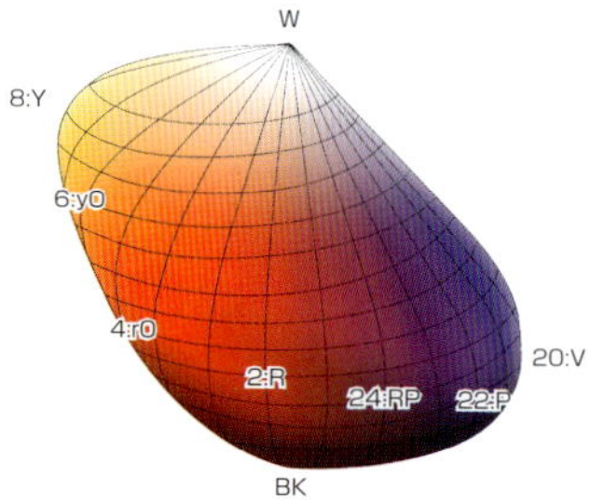

■色立体の断面

色立体を真ん中から縦に切ってみると、次ページの図のように、無彩色の軸を中心にして心理補色の関係にある等色相面が左右に並

黄（8：Y）と青紫（20：V）の等色相面

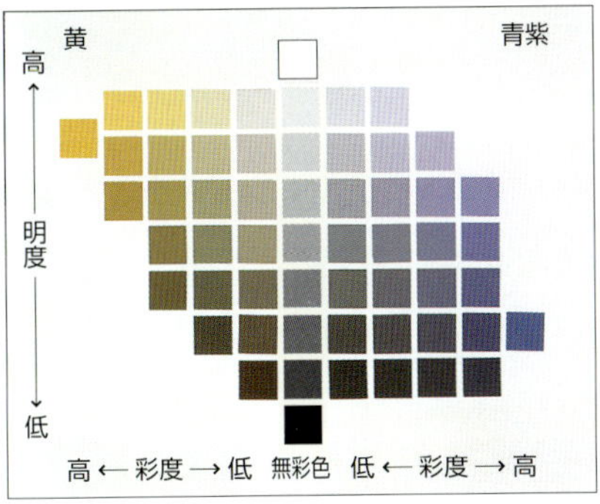

んで現れます。

一方、色立体を水平に切ってみると、明度の等しい色がすべて並んだ面（等《とう》明《めい》度《ど》面《めん》）が現れます。例えば、明度5.5のところで水平に切ると、その断面には明度5.5のグレイを中心に各色相の明度5.5の色がすべて並んでいます。

●これだけは、覚えておこう●

[色立体]

●色の三属性を三次元の空間に組み立て、立体的に表したものが「色立体」である。

●色立体の構成は、次のようになっている。

- 明るい色は上に、暗い色は下に位置する。
- 無彩色の軸から離れるほど、彩度が高くなる。
- 無彩色の軸を中心に、各色相が色相環と同じ配列で並んでいる。

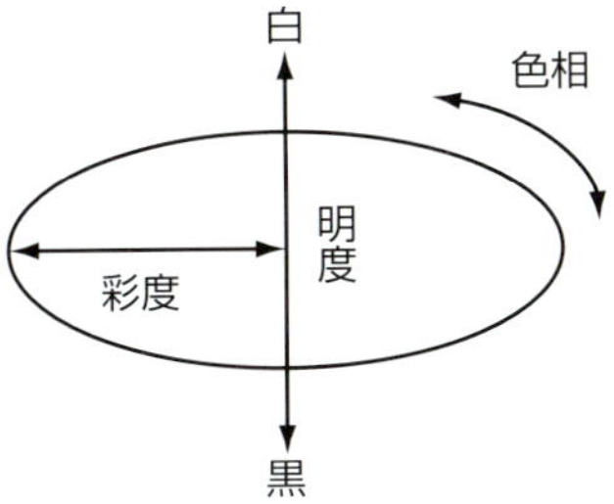

●純色の明度が色相によって異なるため、ＰＣＣＳの色立体は、少しゆがんだ球形になる。

●ＰＣＣＳ色立体を、無彩色の軸を含むように縦に切ると、無彩色の軸の左右に、心理補色の関係にある「等色相面」が現れる。一方、水平（横）に切ると、明度の等しいすべての色が並ぶ「等明度面」が現れる。

記号による色の表示

■色を伝えるには

ショッピング中に見かけたセーターの色を、後で人に伝えようとするとき、あなたならどのようにして伝えますか。色を伝えるには、実際にその色を示すのがいちばんですが、それができなければ「今日、すてきな赤色のセーターを見つけたのよ」と言葉で伝えることになるでしょう。

しかし、赤といってもさまざまな赤があり、あなたが伝えたい赤を、色を提示することなく伝えるのは難しいものです。色を伝えようとして、適切な表現が見つからず、もどかしさを感じたり、きちんと伝えることができなかったりという経験はありませんか。

ある本に「宝島」や「ジキル博士とハイド氏」で有名な大作家のスチーブンソンが、友人に壁紙の見本を送るように頼んだ手紙のことが書いてあったわ。その手紙の中で、スチーブンソンは壁紙の赤い色を伝えようとするんだけど、「トルコ赤でもなくローマ赤でもなくインド赤でもないが、ローマ赤とインド赤のほうにちょっと近いのだがそのどちらでもなく……」となかなか思うように言い表せないもどかしさを訴えているそうよ。

もし、色を記号で表すことができれば、正確に伝達したり記録したりすることができて便利です。色を扱っていくうえでは、色を表す記号についてきちんと知っておく必要があるでしょう。ここでは、ＰＣＣＳの色記号について解説します。

■色の記号

色を記号で表すには、色の三属性で表す方法とトーンで表す方法があります。

◆色の三属性で表す場合

〈有彩色〉

[色相－明度－彩度] の順に、三属性を明示して表します。

(例) 2：R－4.5－9ｓ

2：Rは、色相記号で「色相番号2番の赤（Red）」を表しています（次のページの表を参照）。

4.5は、明度段階を表す数値です。

9ｓは、彩度段階を表す数値です。

（赤の色相で、彩度段階が9ｓなので、この色は赤の純色だとわかります）

〈無彩色〉

明度段階の数値の前にｎ（無彩色 neutral《ニュートラル》 の意味）を付して表します。

(例) ｎ－5.5

明度5.5の無彩色を表しています。

◆トーンで表す場合

〈有彩色〉

[トーン記号＋色相番号] の形で表します。

(例) ｖ2

ｖは、ビビッドトーンを表します。

2は、色相番号で「色相番号2番の赤」を表しています。

〈無彩色〉

(例) W …白（ホワイト）を表しています。

Gy－5.5 …明度5.5のグレイを表しています。

Bk …黒（ブラック）を表しています。

●PCCSの色相記号

色相記号	色相名		色相記号	色相名	
1：pR	purplish red《パープリッシュ・レッド》	紫みの赤	13：bG	bluish green《ブルーイッシュ・グリーン》	青みの緑
2：R	red《レッド》	赤	14：BG	blue green《ブルー・グリーン》	青緑
3：yR	yellowish red《イエローイッシュ・レッド》	黄みの赤	15：BG	blue green《ブルー・グリーン》	青緑
4：rO	reddish orange《レディッシュ・オレンジ》	赤みのだいだい	16：gB	greenish blue《グリーニッシュ・ブルー》	緑みの青
5：O	orange《オレンジ》	だいだい	17：B	blue《ブルー》	青
6：yO	yellowish orange《イエローイッシュ・オレンジ》	黄みのだいだい	18：B	blue《ブルー》	青
7：rY	reddish yellow《レディッシュ・イエロー》	赤みの黄	19：pB	purplish blue《パープリッシュ・ブルー》	紫みの青
8：Y	yellow《イエロー》	黄	20：V	violet《バイオレット》	青紫
9：gY	greenish yellow《グリーニッシュ・イエロー》	緑みの黄	21：bP	bluish purple《ブルーイッシュ・パープル》	青みの紫
10：YG	yellow green《イエロー・グリーン》	黄緑	22：P	purple《パープル》	紫
11：yG	yellowish green《イエローイッシュ・グリーン》	黄みの緑	23：rP	reddish purple《レディッシュ・パープル》	赤みの紫
12：G	green《グリーン》	緑	24：RP	red purple《レッド・パープル》	赤紫

＊色相記号は、色相番号に色相名（英名）のイニシャルをつけたものです。色みの偏りを表す部分（「〜みの」という部分）は、小文字で表します。

色記号　4：rO−3.0−5s　で表される色はどんな色なのかを考えてみましょう。

4：rO−3.0−5s ⇨ **?**

①最初の色相記号が4：rOですから、色相番号４の「赤みのだいだい」の色相であることがわかります。

②右端の彩度段階の数値が５sですから、この色は中彩度です。したがって、ライト、ソフト、ダル、ダークのいずれかのトーンであることがわかります。

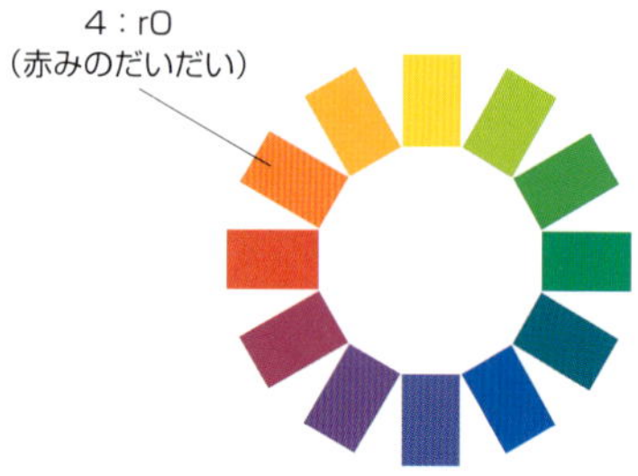

9s ならば、v トーン
8s，7s ならば、b・s・dp トーン
6s，5s，4s ならば、lt・sf・d・dk トーン
3s，2s，1s ならば、p・ltg・g・dkg トーン

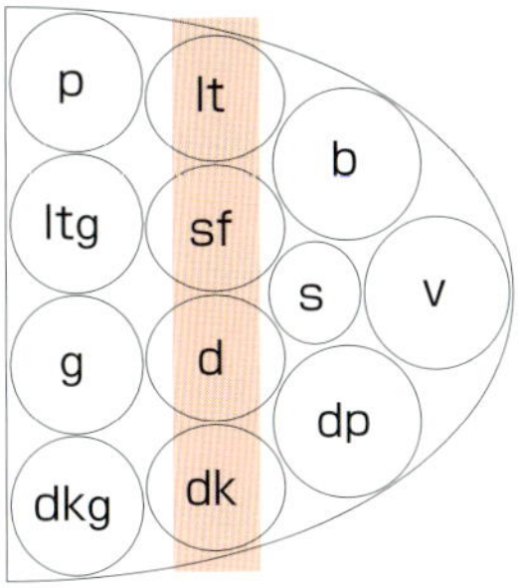

③ 4 つのトーンのどれであるかは、真ん中の明度段階の数値を見ればわかります。明度は3.0となっています。これは、黒に近い、暗い色なので、ダークトーンだということになります。

したがって、 4：rO－3.0－5s で表される色は「ダークトーンの赤みのだいだい」だということになります。

4：rO－3.0－5s ⇨ 

トーンで表す方法を用いて、左の色を記号で表示してみましょう。

まず、この色はうすい色調（ペールトーン）ですから、トーン記号をペールトーンを表す「p」とします。そして、色相は「青」ですから青の色相番号「18」を付して「p18」とすればよいのです。

このようにトーン記号と色相番号を覚えておけば、とても簡単に色を記号で表すことができて便利です。また、この記号を見れば、色を簡単にイメージすることができます。例えば、「b8」は「明るい色調（ブライトトーン）の『黄』」を

表していますし、「dk14」は「暗い色調（ダークトーン）の『青緑』」を表しています。

トーンによる表示は、配色を考える場合にも適しています。しかし、この表し方では、正確な明度と彩度はわかりません。詳しく色を表示するためには、三属性による表示のほうが適しています。

●これだけは、覚えておこう●

[記号による色の表示]

●色の三属性で表す場合

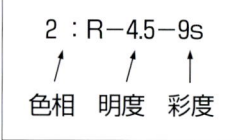

有彩色

2：R－4.5－9s

（色相：2：R　明度：4.5　彩度：9s）

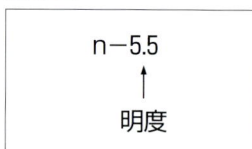

無彩色

n－5.5

（明度：5.5）

●トーンで表す場合

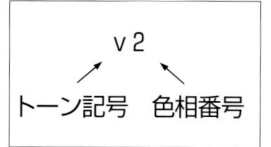

有彩色

v2

（トーン記号：v　色相番号：2）

無彩色

白…W　黒…Bk

グレイ…Gy－5.5

（明度：5.5）

●色相記号は、色相番号に色相名（英名）のイニシャルを付したものである（色みの偏りを示す部分は小文字で表す）。

●色相番号、色相記号、トーン記号、各トーンの彩度を覚えておこう。

表色系

■表色系の役割

前項までは、ＰＣＣＳに基づいて記述してきましたが、色の体系には、PCCSのほかにもさまざまなものがあります。

たくさんの色を整理分類したり、記録、伝達したりするためには、色を測るものさしが必要です。「色のものさし」を作って色を記号化すれば、正確に色を記録したり、伝達したりすることができます。表色系《ひょうしょくけい》はそのためのもので、ある秩序に基づいて、色を数字や記号で表す体系をいいます。

表色系には、次のような働きがあります。

①数値や記号で色を正確に表示する。

②配色調和が得られるように色を選ぶためのルールを示す。

　この範囲の色を組み合わせると調和するというような、配色調和のよりどころを示す働きがあります。

③色の名前を規定する。

　色を表示する最も一般的な方法は、色名によるものですが、「緑」といっても、人それぞれにいろいろな「緑」のイメージをもっています。表色系には、ある色名が表す色の範囲を規定する働きがあります。

■さまざまな表色系

世界各国では、次のようなさまざまな表色系が使われています。それぞれの表色系によって、色を正確に表示するのに適していたり、調和した配色を計画的に選ぶのに適していたりという特徴があります。

●マンセルシステム

アメリカの美術教師マンセル（1858～1918）によって1905年に創案された表色系で、色相・明度・彩度の三属性で色を記号化して表します。現在使われているマンセルシステムは、1943年にアメリカ光学会（OSA）が改良を加えて発表した「修正マンセルシステム」です。

色を正確に表示するのに適しており、日本でも日本工業規格（JIS）に採用され、産業界で広く用いられています。

●オストワルトシステム

ノーベル化学賞を受賞したドイツの化学者、オストワルト（1853～1932）によって作られた表色系で、「すべての色は、完全色（理想の純色）と理想の白、理想の黒との混合比によって表される」という考えに基づいています。

配色調和を求めるのに適していますが、現在ではあまり使われていません。

●ＰＣＣＳ

Practical Color Co-ordinate Systemの略称で、日本名を「日本色研配色体系」といいます。（財）日本色彩研究所によって、配色調和を主な目的として開発された表色系で、配色に便利なように工夫され、マンセルシステムやオストワルトシステムの長所を取り入れてあります。

系統色名による色の分類との対応もはかられています。

●ＮＣＳ（Natural Color System）

スウェーデンの国家規格に制定されている表色系です。

色の見えをそのまま心理的な知覚の割合で表すのが特徴です。

●ＤＩＮ

オストワルトシステムを基にして改良された、ドイツ工業規格（DIN）に制定されている表色系です。

●ＯＳＡ均等色尺度（OSA Uniform Color Scales）

アメリカ光学会（OSA）で開発された表色系です。

知覚的に等しい差と感じられる色はすべて、色立体の等距離の位置にあるように構成されています。

第3章

色の名前

●色をどのようにして伝えるか

第3章 色の名前 ●色をどのようにして伝えるか

色の名前の種類

■いろいろな色名

第2章では、色を記号で表す方法について説明しました。色を表示するには、このほかに「赤」や「エメラルドグリーン」などのような色名《しきめい》、つまり色の名前で表す方法があります。私たちは、日常生活ではほとんどの場合、色を伝えるのに色名を用いています。

色名で表される色の範囲は、ある程度の幅をもっているので、色名では色記号ほど厳密に色を表すことはできません。しかし、色名は最も一般的でわかりやすい表示方法であるといえるでしょう。

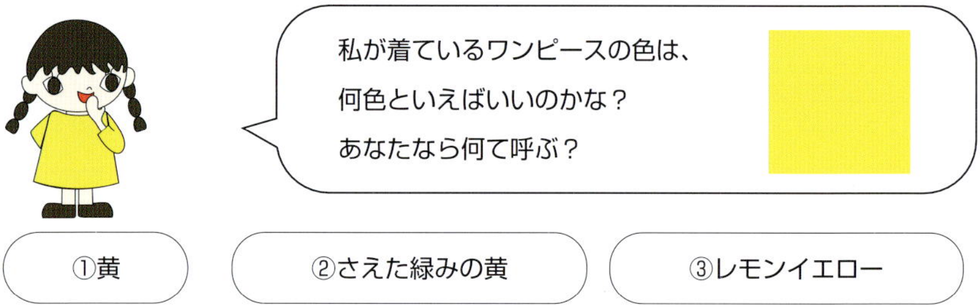
私が着ているワンピースの色は、
何色といえばいいのかな？
あなたなら何て呼ぶ？
①黄
②さえた緑みの黄
③レモンイエロー

①の「黄」は、誰でも知っている基本的な色の名前ですね。このような基本的な色の区別を表すための色彩専門用語を**基本色名**《きほんしきめい》といいます。

基本色名は、最も使いやすい表示方法ですが、これだけでは色の違いを細かく呼び分けることはできません。ひと口に「黄」といっても、さまざまな「黄」があり、これでは、厳密にはこの色を表しているとはいえないのです。

そこで、②のように、基本色名に「さえた緑みの」という修飾語を付けて表せば、どのような黄なのかが、より的確にわかります。このような色名を**系統色名**《けいとうしきめい》といいます。

また、③の「レモンイエロー」という名前を聞けば、誰もがあのレモンのような黄色を思い浮かべるでしょう。このように「〜のような色」という意味で、その色から連想されるものの名前を借りて付けられた色名のことを**固有色名**《こゆうしきめい》といいます。

色を色名で呼び表すには、おおむね「固有色名（慣用色名）」と「系統色名」を用います。この2種類の色名について、さらに詳しく解説していきましょう。

■固有色名・慣用色名

固有色名は、顔料や染料などの原料名や、動物、植物、鉱物など、その色から連想されるものの名前を用いて付けられた色名です。

固有色名の中で比較的よく知られ、日常的に慣れ親しんで使用されている色名を、特に**慣用色名**《かんようしきめい》と呼んでいます。例えば、「さくら色」「たんぽぽ色」「うぐいす色」「エメラルドグリーン」「藍色《あいいろ》」などはすべて慣用色名です。

固有色名は、このようにイメージの連想語でできているので、色名を聞けばだいたいどんな色かを連想することができます。例えば「たんぽぽ色」といえば、たんぽぽの花のような鮮やかな黄色を連想するでしょう。また「エメラルドグリーン」といえば、エメラルドの宝石のような美しい緑色を連想するでしょう（ただし、中には例外として「新橋色」や「マゼンタ」のように、色名の由来を知らなければ、色を連想できないものもあります）。

固有色名は、イメージの伝達を目的としたもので、系統色名ほど的確に色を表すことはできません。しかし、固有色名には、花や鳥など美しいものに名を借りて付けられたものが多く、美しい響きをもったものがたくさんあります。

美しく情緒的な色名は、私たちのイメージをいっそうふくらませます。色を美しい名前で呼ぶことの効果も意識して、色名を用いていきたいものですね。

わたしのワンピースの色は、「ベビーピンク」というのよ。赤ちゃんの産着の色から名付けられた色名なの。「ベビーピンク」と呼べば、愛らしいイメージも伝わるわね。

■系統色名

系統色名は、あらゆる色を系統的に分類して表現できるようにした色名で、基本色名に修飾語を付けて表します。

例えば、右の色を指して「これは何色ですか？」と尋ねると、ほとんどの人が「赤」と答えるでしょう。しかし、この答えでは、厳密にこの色を言い表しているとはいえません。

「赤」は色みを表す言葉なので、これだけではどのような色調をしているのかはわかりません。この色は、濃い色調をしていますね。また、赤といっても、この色は少し黄みがかった色みをしています。

したがって、基本色名の「赤」に「濃い」というトーンの修飾語と「黄みの」という色みの偏りを表す修飾語を付けて「濃い黄みの赤」といえば、この色を的確に言い表したことになります。

系統色名は、このように基本色名にトーンや色みの偏りに関する修飾語を付けて表したものであり、トーンと色相がひと目でわかるので、色を分類したり指示したりするのに適しています。

系統色名＝トーンの修飾語＋色みの偏りを表す修飾語＋基本色名

（例）濃い黄みの赤＝濃い＋黄みの＋赤

暗い黄緑＝暗い＋黄緑

●PCCSのトーンの修飾語

vivid	ビビッド	さえた
bright	ブライト	明るい
strong	ストロング	強い
deep	ディープ	濃い
light	ライト	浅い
soft	ソフト	柔らかい
dull	ダル	鈍い
dark	ダーク	暗い
pale	ペール	うすい
light grayish	ライトグレイッシュ	明るい灰みの
grayish	グレイッシュ	灰みの
dark grayish	ダークグレイッシュ	暗い灰みの

◆トーンの修飾語

トーンの修飾語には、「明るい」「暗い」「濃い」「うすい」などがあります。PCCSにおけるトーンの修飾語は上の表に示した通りです。

◆色みの偏りを表す修飾語

色みの偏りは「赤みの」「黄みの」「緑みの」「青みの」「紫みの」などの修飾語を付けて表します。色相番号2の「赤」のように、色みの偏りがない場合には必要ありません。

PCCSの色相名は、62ページの表に示したように、「色みの偏りを表す修飾語」＋「基本色名」で表されています。したがって、前ページの式に当てはめると、PCCSの系統色名＝「トーンの修飾語」＋「色相名」となります。このように考えれば、わかりやすいのではないでしょうか。

ただし、PCCSの系統色名には、色相名ではない「ピンク」「ブラウン」「オリーブ」なども用いられています。したがって、「トーンの修飾語」＋「色相名」という形に当てはまらない場合もあります。

下の①と②の色をPCCS系統色名
で表してみましょう。

①

②

①の色相は「緑みの青（greenish blue《グリーニッシュ・ブルー》）」ですね。トーンは、「ブライトトーン（明るい色調）」です。したがって、この色の系統色名は「明るい緑みの青（bright greenish blue）」となります。

②の系統色名は「ピンク（pink）」です。前述のように、ＰＣＣＳでは「ピンク」が、基本色名に準じて用いられます。「ピンク」の基準となる色は「赤」の「ライトトーン」の色です。したがって、この場合にはトーンの修飾語「ライト（浅い）」を付ける必要はありません。

●これだけは、覚えておこう●

[色の名前の種類]

●「基本色名」とは、白・黒・赤・黄・緑・青などのような基本的な色の区別を表すための色彩専門用語をいう。

●「固有色名」とは、顔料や染料などの原料名や、動物、植物、鉱物など、その色から連想されるものの名前を借りて付けられた色名をいう。

●固有色名は、イメージの伝達を目的としたもので、色名を聞けばおおよその色を連想できる。

●「慣用色名」とは、固有色名の中で比較的よく使われ、多くの人に知られている色名をいう。

●「系統色名」は、あらゆる色を系統的に分類して表現できるようにした色名で、基本色名に修飾語を付けて表す。

系統色名＝トーンの修飾語＋色みの偏りを表す修飾語＋基本色名

JISの色名

■ＪＩＳの系統色名

日本工業規格（Ｊ《ジ》ＩＳ《ス》）には、色名に関する下記の規格があります。

- ＪＩＳ Ｚ 8102：2001　物体色の色名
- ＪＩＳ Ｚ 8110：1995　色の表示方法－光源色の色名

ここでは、これらのうち「物体色の色名」に関して説明していきます。

物体色の色名では、慣用色名と系統色名が規定されています。

ＪＩＳの系統色名は、以下のような組み立てになっています。

◎有彩色

明度及び彩度（*）に関する修飾語 ＋ 色相に関する修飾語 ＋ 基本色名

（例）（くすんだ）（黄みの）（赤）

◎無彩色

色相に関する修飾語 ＋ 明度に関する修飾語 ＋ 基本色名

（例）（青みの）（明るい）（灰色）

（＊）トーンとほぼ同じ意味

ＪＩＳの「基本色名」は、下に示した13種類です。「明度および彩度に関する修飾語（無彩色の場合は、明度に関する修飾語）」「色相に関する修飾語」は、次ページの表のようになっています。

●JISの基本色名

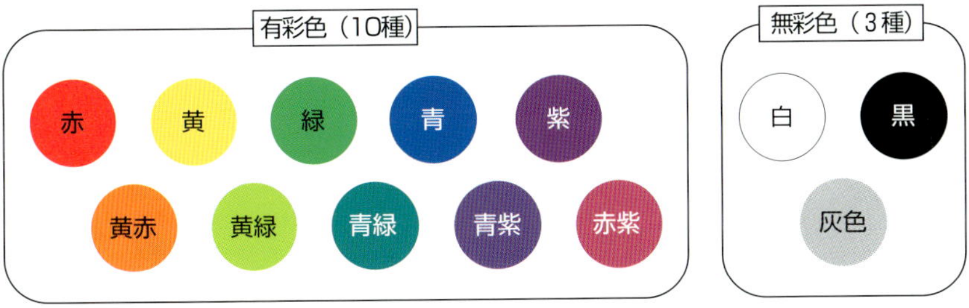

●無彩色の明度並びに有彩色の明度及び彩度に関する修飾語

明度	無彩色：無彩色	無彩色：色みを帯びた無彩色	有彩色			
高い	白 Wt	△みの白 △－Wt	ごくうすい～ vp－～			
	うすい灰色 plGy	△みのうすい灰色 △－plGy		うすい～ pl－～		
	明るい灰色 ltGy	△みの明るい灰色 △－ltGy	明るい灰みの～ lg－～	やわらかい～ sf－～	明るい～ lt－～	
	中位の灰色 mdGy	△みの中位の灰色 △－mdGy	灰みの～ mg－～	くすんだ～ dl－～	つよい～ st－～	あざやかな～ vv－～
	暗い灰色 dkGy	△みの暗い灰色 △－dkGy	暗い灰みの～ dg－～	暗い～ dk－～	こい～ dp－～	
低い	黒 Bk	△みの黒 △－Bk	ごく暗い～ vd－～			

低い ←―― 彩　度 ――→ 高い

●赤字が無彩色の明度に関する修飾語
●「△みの」には下図の青字の修飾語が入る
●青字が有彩色の明度及び彩度に関する修飾語
●「～」には有彩色の基本色名が入る

●色相に関する修飾語と色相名の表示

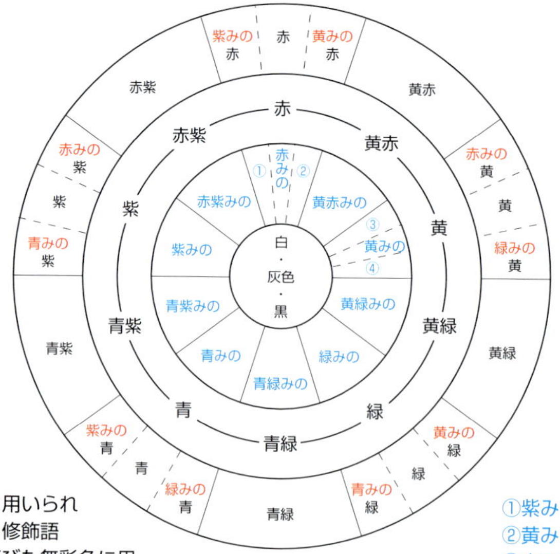

●赤字が有彩色に用いられる色相に関する修飾語
●青字が色みを帯びた無彩色に用いられる色相に関する修飾語

①紫みを帯びた赤みの
②黄みを帯びた赤みの
③赤みを帯びた黄みの
④緑みを帯びた黄みの

■ＰＣＣＳ系統色名との違い

ＪＩＳ系統色名とＰＣＣＳ系統色名とでは、以下のような点が異なっています。

- 無彩色の基本色名に付く修飾語の順序が、逆になっています。例えば、ＪＩＳでは「青みの明るい灰色」となりますが、ＰＣＣＳでは「明るい青みの灰色(light bluish　gray)」となります。
- ＰＣＣＳでは、ピンク、ブラウン、オリーブなどが基本色名に準じて使用されますが、ＪＩＳでは、有彩色の基本色名には色相名だけを用いています。
- ＰＣＣＳで「だいだい」と呼ばれている基本色名は、ＪＩＳでは「黄赤」といいます。ＰＣＣＳの「だいだい」には、「赤みのだいだい」「黄みのだいだい」のように色相に関する修飾語が付きますが、ＪＩＳの「黄赤」には付きません。
- ＰＣＣＳの「トーンの修飾語」とＪＩＳの「明度及び彩度に関する修飾語」とは、区分や呼び方、略号が異なっています。例えば、PCCSの「浅い（light)」に該当する区分は、ＪＩＳでは「うすい（pale)」となっています。また、低彩度の有彩色や無彩色の区分はPCCSよりも細かくなっています。

●これだけは、覚えておこう●

［ＪＩＳの色名］

●日本工業規格（ＪＩＳ）には、「物体色の色名」と「光源色の色名」に関する規格がある。物体色の色名では、「慣用色名」と「系統色名」が規定されている。

●ＪＩＳ系統色名では、１３種類の基本色名を用いている。

有彩色の基本色名（１０種）
赤・黄赤・黄・黄緑・緑・青緑・青・青紫・紫・赤紫

無彩色の基本色名（３種）
白・灰色・黒

●ＰＣＣＳ系統色名とＪＩＳ系統色名の違いを確認しておこう。

固有色名（慣用色名）を覚えよう

あなたは、色の名前をどのくらい知っていますか。正しく色を伝達するためには、色の名前をきちんと知っておく必要があるでしょう。

豊かな色彩文化をもつ社会には、多くの色名があるといわれています。これは、個人についてもいえることではないでしょうか。

色の名前を知って色を眺めてみれば、また違った表情が見えてきますよ。

（JIS慣用色名は、2001年度に改正されました。色は、主に（財）日本色彩研究所監修、日本色研事業（株）発行の「改訂版　慣用色名チャート」に基づいて、印刷の可能な範囲で再現してあります）

赤系統

鴇色（ときいろ）

鳥の鴇《とき》が空を飛ぶときに見せる風切羽の色です。

現在では絶滅の危機に瀕《ひん》し、特別天然記念物・国際保護鳥に指定されている鴇も、昔は日本各地で見られました。

カーマイン

中南米のサボテンに寄生するエンジ虫から採られる染料で染められた、鮮やかな赤色です。

茜色（あかねいろ）

茜草の根から抽出した色素で染めた色。

赤に染める天然染料には、茜・蘇枋《すおう》・紅花《べにばな》などがありますが、茜染めは日本で最も古い赤色の染めです。

「あかね」という名前は、「赤い根」に由来します。

蘇芳（すおう）

インド、マレーシア原産のマメ科の植物である蘇芳の心材で染めた色です。「蘇枋」とも書きます。

ボルドー

ワインの集散地として有名な、フランス南西部のボルドー産の赤ワインの色です。

牡丹色（ぼたんいろ）

ボタンの花の色にみられる鮮やかな赤紫です。

マゼンタ（マジェンタ）

「マゼンタ」は、イタリア北部にある小さな町の名前です。1859年、イタリアは、当時イタリア北部を支配していたオーストリア軍と戦い、マゼンタの戦いで大勝利をおさめました。ちょうどそのころ、合成染料のフクシンが発明されたので、この染料が染め出す鮮明な赤紫を「マゼンタ」と名付けました。色料の三原色(*)の一つです。

ワインレッド

赤ワインのような濃い赤紫色です。

（＊）色料の三原色については、第４章で説明します。

オレンジ系統

キャロットオレンジ

西洋にんじんの色から付けられた色名です。

黄丹（おうに）

皇太子の礼服の色とされ、昔は一般の着用が禁じられた「禁《きん》色《じき》」の一つでした。奈良時代からある古い色名です。

皇太子様が婚礼の儀の際に身につけていた色ね。黄丹は、曙《あけぼの》の太陽の色を模したもので、やがて天位につく皇太子の地位を表したものだそうよ。昔は「禁色」といって、天皇や皇太子など、位の高い人の服色が法律で定められていて、ほかの人はそれらの色の着用を禁じられていたのよ。

柿色（かきいろ）

熟した柿の実のような色で、「照柿色《てりがきいろ》」ともいいます。ちなみに、歌舞伎界で「柿色」と呼ばれているのは、「柿渋色《かきしぶいろ》」といわれる茶系の色のことで、この色とは異なります。

肌色（はだいろ）

肌の色から付けられた色名です。肌の色は、実際の色よりも明るくきれいな色に記憶されています。この色も実際の皮膚の色ではなく、理想化された色です。

クロームオレンジ

金属質のクロームを原料とするクローム顔料から作られるオレンジ色です。

杏色（あんずいろ）

杏の実の色から付けられた色名です。英名では「アプリコット」といいます。

蜜柑色（みかんいろ）

ミカンの果皮の色から付けられた色名です。近代になってから使われるようになった、新しい色名です。

小麦色（こむぎいろ）

小麦の籾《もみ》の色から付けられた色名です。日焼けした肌の色を形容するのによく使われます。

茶系統

ベージュ

「ベージュ」とはフランス語で、未漂白、未染色の羊毛の色をいいます。
現在では、ブラウンの薄い色を総称する基本的な色名となっています。

キャメル

ラクダの毛の色から付けられた色名です。和名では「駱駝《らくだ》色」といいます。

団十郎茶（だんじゅうろうちゃ）

歌舞伎役者の市川団十郎が代々、狂言の衣装に用いた色です。歌舞伎の定式幕《じょうしきまく》に使われている柿色（柿渋色）が、ほぼこの団十郎茶といえます。

市川団十郎の暫（勝川春章）
東京国立博物館蔵

鳶色（とびいろ）

ワシタカ科のトビ（トンビともいう）の羽の色から付けられた色名で、やや灰みがかった暗い茶色をいいます。「鳶色の瞳」というように、瞳の色の形容に用いられることもあります。

チョコレート

チョコレートのような暗い茶色です。フランス名では「ショコラ」といいます。

栗色（くりいろ）

栗の実の皮のような茶色で、栗皮色ともいいます。

（栗色とココアブラウンの代表色は、同じ色で示されています）

ココアブラウン

ココアのような茶色をいいます。ココアは、カカオが英語化した言葉で、カカオの種子を煎《い》って粉末にし、飲料にしたものです。同じカカオを原料とするチョコレートよりもやや明るい色調をしています。

コーヒー

コーヒーのような暗い黄みの茶色をいいます。

黄系統

支子色（くちなしいろ）

クチナシの実で染めたやや赤みを帯びた黄色で、「梔子色《くちなしいろ》」とも書きます。

「クチナシ」の名は果実が熟しても口を開かないことからきているのよ。栗きんとんをきれいな黄色にするのに使われたりするわ。

山吹色（やまぶきいろ）

平安時代から使われてきた、黄色を表す代表的な色名です。

山吹の花の色から付けられた色名で、やや赤みを帯びた、鮮やかな黄色をいいます。

昔の貨幣である、大判や小判の異称としても用いられていました。

アイボリー

象《ぞう》牙《げ》（アイボリー）の色です。象牙は、古代ローマ時代から宮殿の装飾などに用いられていて、「アイボリー」という色名も14世紀には使われていました。

クリームイエロー

うっすらと黄みを感じる乳製品のクリームの色から付けられた色名です。

刈安色（かりやすいろ）

ススキに似た多年草の刈安で染めた色です。「刈安」の名は、「刈りやすい」ということに由来しています。

八丈島の特産品である「黄《き》八丈《はちじょう》」の黄色は、刈安と同じ色素を含むこぶな草で染められているのよ。このこぶな草は「八丈刈安」と呼ばれているわ。

レモンイエロー

レモンの実の皮の色から付けられた色名で、緑みがかった鮮やかな黄色を指します。

カーキ

「カーキ」は、インドでは「土ぼこり」を意味する言葉です。19世紀にインド駐留中のイギリス軍が軍服の色として用いてから、広く軍服の色として取り入れられました。

ゴールド

「ゴールド」の語源は、黄色を表す言葉です。金は、やや赤みを帯びた黄に金属的な輝きが加わって、あのように見えるのです。金の光沢がなくても、やや赤みがかった黄の濃い色調の色を「ゴールド」といいます。

オリーブ

オリーブの実の色から付けられた色名です。
黄の色相の暗いトーンの色は、黄色系とはいえないほどイメージが異なってきます。オリーブは、黄の色相の暗いトーンの色を総称する色名です。

緑系統

萌黄（もえぎ）

春に萌え出る若葉のような色をいいます。平安時代から使われている、黄緑を表す代表的な色名です。「萌木」「萌葱」と書かれることもあります。

鶯色（うぐいすいろ）

鶯の羽のようなくすんだ黄緑です。

モスグリーン

苔《こけ》の色から付けられた色名です。「モス」は「苔」を意味します。

エメラルドグリーン

宝石のエメラルドのような、さえた緑色をいいます。

青磁色（せいじいろ）

青磁は、青緑色の釉《うわぐすり》のかかった磁器の一種です。中国南宋時代に優れたものが造られました。

青磁牡丹文游環花生（官川香山）
東京国立博物館蔵

ターコイズグリーン

宝石のトルコ石（ターコイズ）のような青緑色を表す色名です。緑みが強いものを「ターコイズグリーン」といい、青みの強いものを「ターコイズブルー」といいます。

ビリヤードグリーン

ビリヤード台に貼られた、フェルトの色から付けられた色名です。

みどりの黒髪

「みどりの黒髪」という表現を聞いたことがありますか？

「みどり」は「若々しくみずみずしい状態」を表す言葉として使われています。つまり「みどりの黒髪」とは、みずみずしい、つややかな黒髪のことをいうのです。

生後3歳ぐらいまでの幼児を「みどりご」というのも同じことですよ。

青系統

新橋色（しんばしいろ）

明治末から大正時代（大正末から昭和初期にかけてという説もある）に、新橋の芸者さんたちの間で着物の色として流行したことから名付けられた色名です。

ハイカラな新橋の芸者さんたちは、輸入された化学染料で染められたこの色に、新鮮な魅力を感じたのね。芸者さんが着物の褄《つま》をとって歩くとき、青い着物から裏地の赤がこぼれて、とてもあでやかだったそうよ。

浅葱色（あさぎいろ）

藍染めは、薄く染めると緑みを帯びた青になり、濃く染めるとやや赤みを帯びた青になります。藍染めの薄い色を「萌え出る葱《ねぎ》のような色」という意味でこう呼びました。

納戸色（なんどいろ）

藍染めの全盛期である江戸時代にできた色名で、藍染めの鈍い色をいいます。

「納戸」とは、衣類や調度を納めておく部屋のことで、この色名の由来には、納戸の暗がりを表すような色、納戸の入り口に掛けられた藍染めの暖簾《のれん》の色、納戸に積まれていた藍染めの布の色、納戸を管理する役人の裃《かみしも》の色など、諸説があります。

ターコイズブルー

トルコ石に見られるような、明るい緑みの青です。

シアン

シアン化合物に見られる、さえた緑みの青です。
色料の三原色（*）の一つです。

スカイブルー

晴れた空の色を表す、明るい青です。

藍色（あいいろ）

タデ科の一年草のアイ（タデアイ）で染めた色です。
藍染めは、繊維を選ばず、麻や木綿などにもよく染まり、堅牢《けんろう》で退色しにくいので、広く用いられてきました。

インディゴ

インドアイで染められた色をいい、暗い藍色を指します。

（＊）色料の三原色については、第4章で説明します。

紫系統

藤色（ふじいろ）

フジの花の色から付けられた、明るい青紫系の色を代表する色名です。

パンジー

パンジーは、三色スミレのことで、その花の紫色から名付けられた色名です。濃い青紫をいいます。

二藍（ふたあい）

2種類の藍で染めたという意味です。「藍」は、もともと染料を指す言葉で、紅花と藍の2つの染料を用いたので「二藍」と呼びました。

紅花は「（古代中国の）呉の国からきた藍（染料）」という意味で、古くは「呉藍《くれのあい》」と書きました。それが訛《なま》って「くれない」と呼ばれるようになったのです。

江戸紫（えどむらさき）

武蔵野に生える紫草を原料として、江戸で染めたところからこう呼ばれています。

江戸紫の例としては、歌舞伎の助六が締めている鉢巻の色が挙げられます。

京紫（きょうむらさき）

京紫と江戸紫の違いにはさまざまな説がありますが、一般に、江戸紫は青みが強く、京紫は赤みが強いといわれています。京紫は、古代紫や本紫と同じような色です。

ラベンダー

ラベンダーの花の色から付けられた色名です。ライラックより、やや青みを帯びた色みをしています。

ラベンダーはシソ科の植物で、香水の原料として用いられます。この花の名は、昔、水浴の際の香料に用いられたことから、「洗う」という意味のラテン語に由来するといわれています。

ライラック

ライラックの花のような色を指します。ライラックは、モクセイ科の常緑樹で、春に芳香のある小花をつけます。ヨーロッパでは「リラ」と呼ばれています。

モーブ

「モーブ」は、フランス語で「アオイ（葵）」のことをいいます。1856年にイギリスの化学者ウイリアム・パーキンが、コールタールからマラリアの特効薬を作り出す実験中、偶然抽出した物質をもとに人類初の合成染料を開発しました。この合成染料に付けられた色名が「モーブ」です。

白・灰・黒系統

スノーホワイト

雪のような真っ白を表します。

鉛白（えんぱく）

鉛白は、塩基性炭酸塩を成分とする白色顔料です。昔は白粉《おしろい》に使われていましたが、人体に有毒なため、現在は使われていません。

乳白色（にゅうはくしょく）

乳（ミルク）のような黄みがかった白をいいます。英名では「ミルキーホワイト」といいます。

銀鼠（ぎんねず）・シルバーグレイ

銀のような明るいねずみ色をいう色名です。

チャコールグレイ

チャコールは木炭のことです。消炭《けしずみ》のような暗いグレイを表し、「消炭色」ともいいます。

アイボリーブラック

象牙を焼いて作った、黒い顔料の色をいいます。

漆黒（しっこく）

黒塗りの漆器《しっき》に見られるような光沢のある黒をいいます。光を100%吸収する色が理想的な黒ですが、そのような色は存在しません。現実に見ることのできるものでは、漆器の黒が、最も理想の黒に近いといわれています。

次のような見方で色を見ながら、
色名を覚えましょう。

- どのような色みをしているか、どのようなトーンをしているかを意識しましょう（例えば、同じ赤系統でも黄みを帯びた赤なのか、紫みを帯びた赤なのか、また明るい色なのか、暗い色なのか）。
- 固有色名はイメージの連想語でできているので、色名を聞けばおおよその色を連想できます。連想した色と色見本がずれていたり、色名を聞いても色が連想できなかったものをチェックして覚えるようにするとよいでしょう。

●これだけは、覚えておこう●

[固有色名を覚えよう]

●色名と色が結びつくように覚えよう。
(色名で表される色の範囲には幅があるので、同じ色名で表される色でも、色に広がりがあります。また、色名の範囲が重なっている場合もあり、同じ色でも異なった色名で呼ぶこともあります。それぞれの色名が表しているおよその色を、色見本を見ながらとらえましょう）

江戸時代の色名

江戸時代には「四十八茶百鼠《しじゅうはっちゃひゃくねず》」とか「百茶百鼠《ひゃくちゃひゃくねず》」という言葉があるほど、「〜茶」とか「〜ねず」と呼ばれる色名がたくさんありました。なぜ、このような色名がたくさんあったのでしょうか。

江戸時代中期以降、幕府は財政難のため、たびたびぜいたくを禁止するお触《ふ》れを出しました。豊かな町人たちも、華やかな着物を着ることができなくなったのです。そこで、色を黒ずませて華やかさを抑え、質素に見える地味な色を着るようになりました。そして、このような色みのあまりはっきりしない色を「〜茶」と名付けて呼んだのです。

ですから、「〜茶」といっても、茶色っぽい色をしていない色もあります。「ねず」は、「ねずみ色」のことで、やや色みのあるくすんだ色を「〜ねず」と名付けました。

「〜茶」という色名には、「団十郎茶」以外にも「路考茶《ろこうちゃ》」「梅幸茶《ばいこうちゃ》」「岩井茶」など、歌舞伎役者の名が付けられたものがあります。これらは、人気役者の着物の色から流行したもので、「役者色」と呼ばれています。

一方、「〜ねず」という色名では、現在でも比較的よく知られているものに「利休《りきゅう》ねず」があります。この色名は、室町時代の茶人、千利休（1522〜91）の名を借りて江戸時代に付けられたもので、やや緑みを帯びたねずみ色をいいます。千利休とは直接関係ないのですが、利休の名が付くと、その色が格調高く感じられますね。

江戸時代の人は、このようにして、微妙な色の違いを楽しんだのです。しかし、その当時でも「裏勝《うらまさ》り」といって、表向きは地味でも、着物の裏地など見えないところに、華麗な色を使ったり、意匠を凝らしたりしていたそうです。

第4章

混　色

●新たな色を生み出すために

第4章 混　色 ●新たな色を生み出すために

混色とは

世の中には、数え切れないほどたくさんの色があふれています。このさまざまな色は、どのようにして作り出されているのでしょうか。

例えば、カラーテレビに近づいて画面をよく見てください。下の写真のように赤、緑、青の3色の発光する点または縞《しま》で、画面がおおいつくされています。近くで見るとたった3色しか見えないのに、離れて見るとさまざまな色に見えます。

また、絵の具を使ったことのある人なら、絵の具を混ぜ合わせると、さまざまな色が作れることを経験で知っているでしょう。

このように、2種類以上の色から別の色を作り出すことを**混色《こんしょく》**といいます。そして、カラーテレビの赤、緑、青のように、あらゆる色を作り出すもとになる3つの色を**三原色《さんげんしょく》**といいます。**原色《げんしょく》**とは、これ以上分解できない最小単位の色のことで、これら自体は混色によって作れません。三原色は、混ぜる割合によって最も多くの色を作り出すことができるように選ばれています。また、三原色すべてを混色すると無彩色になります。

三原色といっても、色のついた光（色光《しきこう》）を混ぜる場合と、顔料や染料などの着色材料（色料《しきりょう》）を混ぜる場合とでは異なります。色光を混色するときの三原色を**色光《しきこう》の三原色《さんげんしょく》**といい、色料を混色するときの三原色を**色料《しきりょう》の三原色《さんげんしょく》**といいます。カラーテレビは、色光の三原色を用いています。

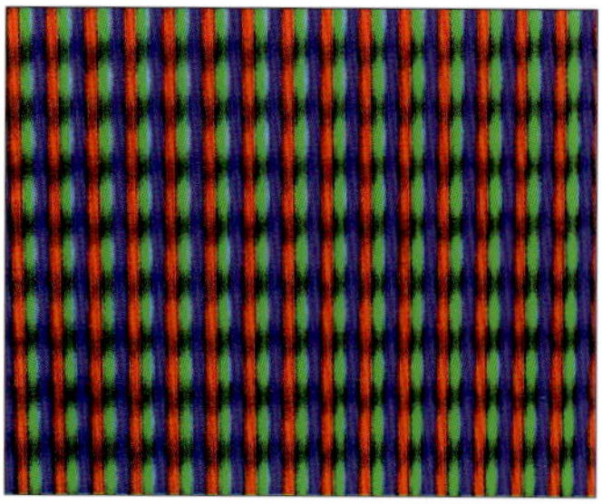

一般的には、彩度が高く刺激が強い色を「原色」と呼ぶことがありますが、このような色は「純色」であって「原色」ではありません。

加法混色と減法混色

■加法混色

まず、光の混色を考えてみましょう。１本の懐中電灯で照らすより２本の懐中電灯で照らすほうが明るいですよね。このように色光と色光を混ぜ合わせると、元の色光より混色後の色光のほうが明るくなります。そこで色光の混色は**加法混《かほうこん》色《しょく》**または**加法混合《かほうこんごう》**と呼ばれています。加法混色は、舞台やスタジオでの照明、運動施設の夜間のカクテル照明などに見ることができます。

加法混色の三原色は、前述のように「色光の三原色」と呼ばれていて、〈黄みの赤〉〈緑〉〈紫みの青〉がこれに当たります。一般には「赤（Red)」「緑(Green)」「青（Blue)」で表し、略して「R《アール》」「G《ジー》」「B《ビー》」ともいいます。

色光の三原色をすべて混色すると、白になります。色光の三原色があれば、それぞれの色光の強さを調整することによって、あらゆる色光を作ることができます。

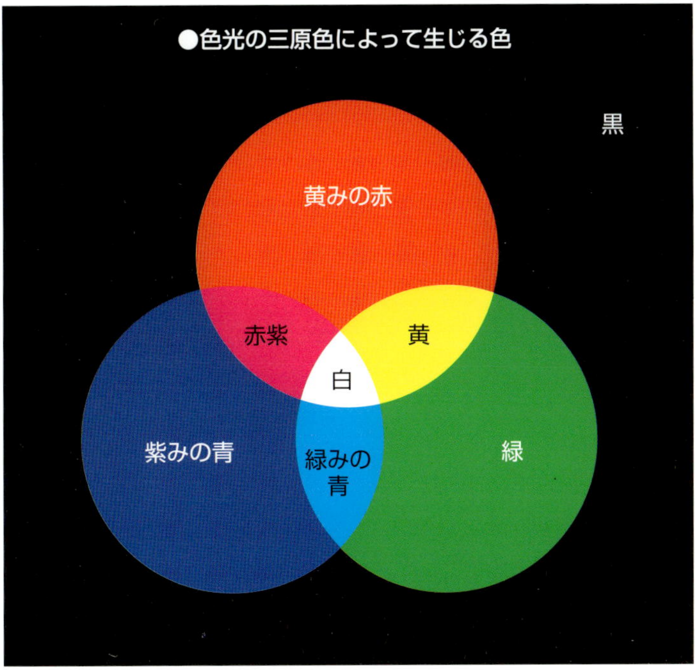

●色光の三原色によって生じる色

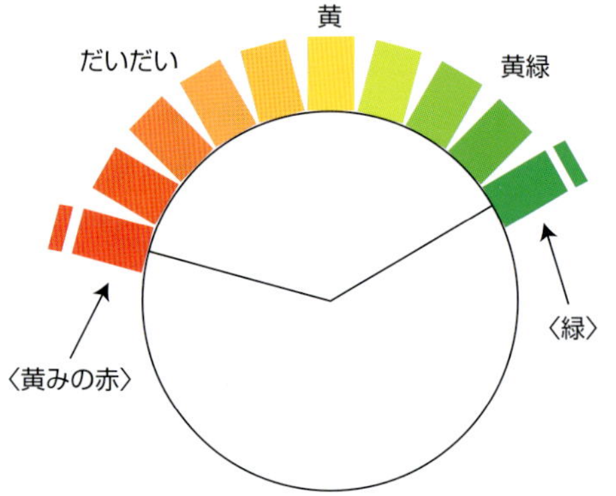

〈黄みの赤〉と〈緑〉の色光の混色は、色光の混合の割合によって「黄」のほかに「だいだい」や「黄緑」などの色相も作ることができます。

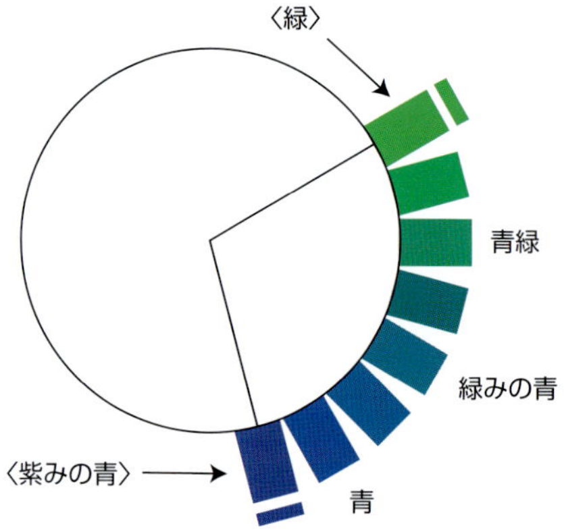

〈緑〉と〈紫みの青〉の色光の混色は、色光の混合の割合によって「緑みの青」のほかに「青緑」や「青」などの色相も作ることができます。

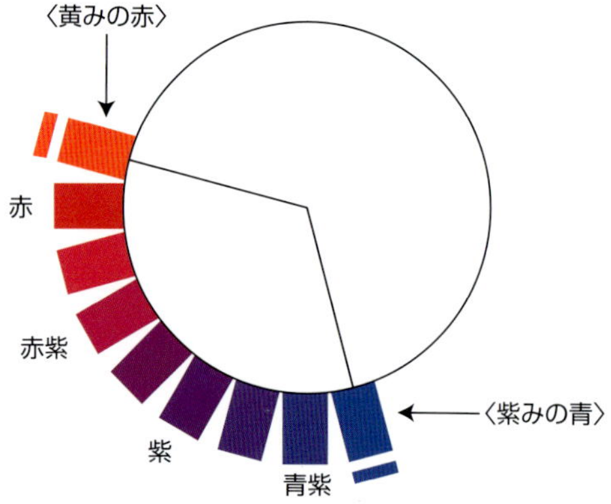

〈紫みの青〉と〈黄みの赤〉の色光の混色は、色光の混合の割合によって「赤紫」のほかに「青紫」や「紫」や「赤」などの色相も作ることができます。

■減法混色

今度は、絵の具などの顔料や繊維を染める染料のような色料の混色を考えてみましょう。絵の具を使ったことがある人なら、たくさんの色を混ぜれば混ぜるほど色がどんどん暗くなって、最後には色みがわからない、黒っぽい色になってしまった経験があるでしょう。このように色料の混色では、元の色より混色後の色のほうが暗くなります。そこで、このような混色を減法混色《げんぽうこんしょく》または減法混合《げんぽうこんごう》と呼んでいます。減法混色は、色フィルターの混色やカラー印刷、カラーコピー、カラー写真などに応用されています。

減法混色の三原色は、前述のように「色料の三原色」とも呼ばれていて、〈緑みの青〉〈赤紫〉〈黄〉がこれに当たります。一般には、緑みの青を「シアン(＊1)(Cyan)」、赤紫を「マゼンタ(＊2)(Magenta)」、黄を「イエロー（Yellow)」と呼び、略して「C」「M」「Y」でも表されます。

●色料の三原色によって生じる色

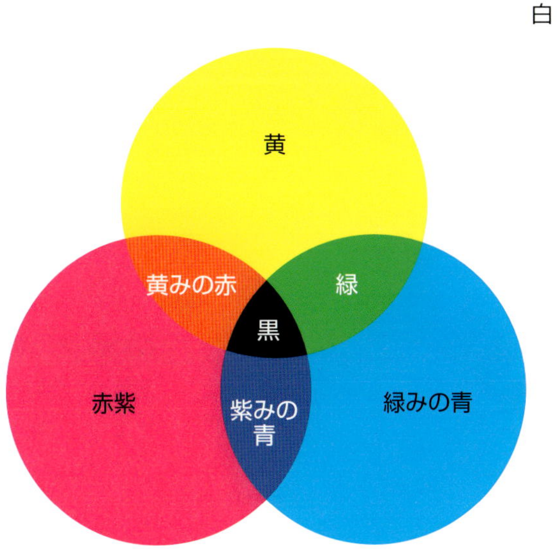

（＊1）（＊2）これらの色名については、第3章「色の名前」をお読みください。

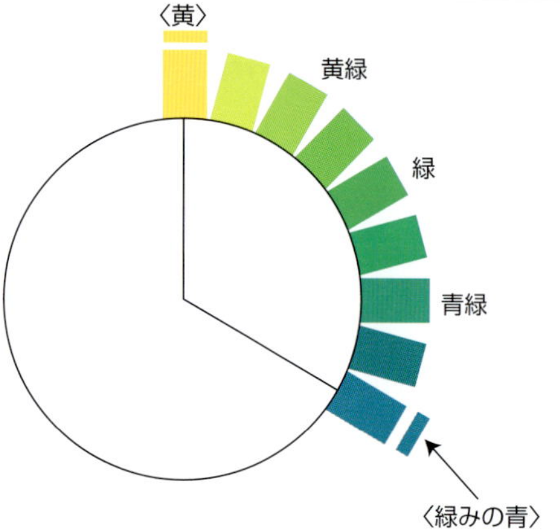

〈黄〉と〈緑みの青〉の色料の混色は、色料の混合の割合によって「緑」のほかに「黄緑」や「青緑」などの色相も作ることができます。

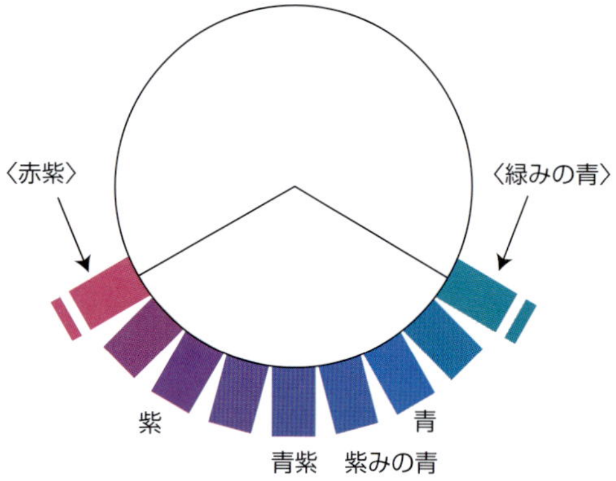

〈緑みの青〉と〈赤紫〉の色料の混色は、色料の混合の割合によって「紫みの青」のほかに「青」や「青紫」や「紫」などの色相も作ることができます。

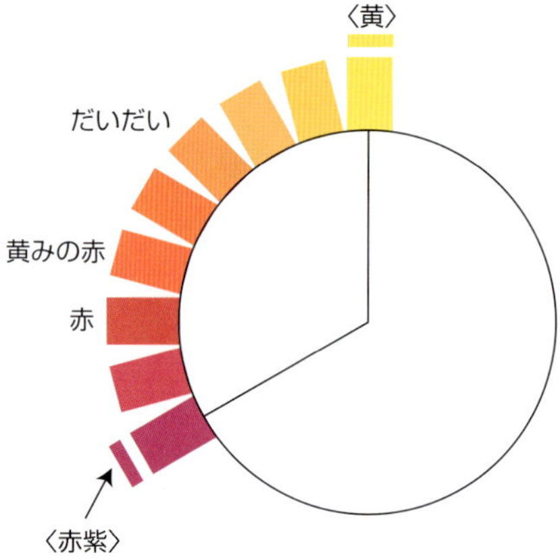

〈赤紫〉と〈黄〉の色料の混色は、色料の混合の割合によって「黄みの赤」のほかに「赤」や「だいだい」などの色相も作ることができます。

色料の三原色をすべて混色すると、理論上は黒になります。しかし、現実には黒というより「暗灰色《あんかいしょく》」（暗い灰色）になってしまうので、カラー印刷では、色料の三原色のインキだけでなく、黒のインキも使います。

色料の三原色と白と黒があれば、さまざまな色を作ることができます(*)。ただし、絵の具は混ぜると色がにごってしまうので、混色によって純色に近い色を作るのは困難です。

（*）色料の混色では、明清色を作るために白が、暗清色を作るために黒が必要になります。カラー印刷では、後で説明するように、４色のインキと紙の白を使って、さまざまな色を表現します。

化粧品の混色

化粧品も、顔料でできているので『減法混色』の原理に従います。つまり、口紅やアイシャドーを混ぜて新しい色を作ることができるのです。ただし、色料の三原色がすべて混ざらないように気をつけましょう。

例えば、「赤紫」と「だいだい」を混ぜるときれいな「赤」ができます。これは、元の２色に〈緑みの青〉が混ざっていないからです。しかし「紫」と「だいだい」を混ぜると、暗いくすんだ「赤」になってしまいます。これは「紫」が〈緑みの青〉と〈赤紫〉を、「だいだい」が〈赤紫〉と〈黄〉を混色してできた色だからです。つまり、この２色を混色すると、色料の三原色がすべて混ざって、黒っぽい色になってしまうのです。

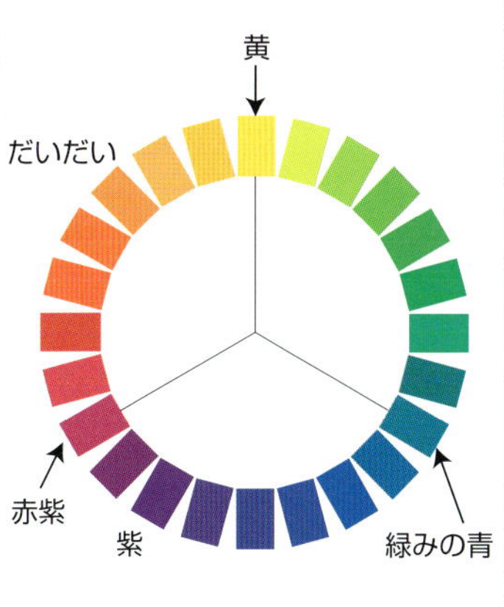

右の色相環を見ながらいろいろと試してみてください。

●色光の三原色と色料の三原色

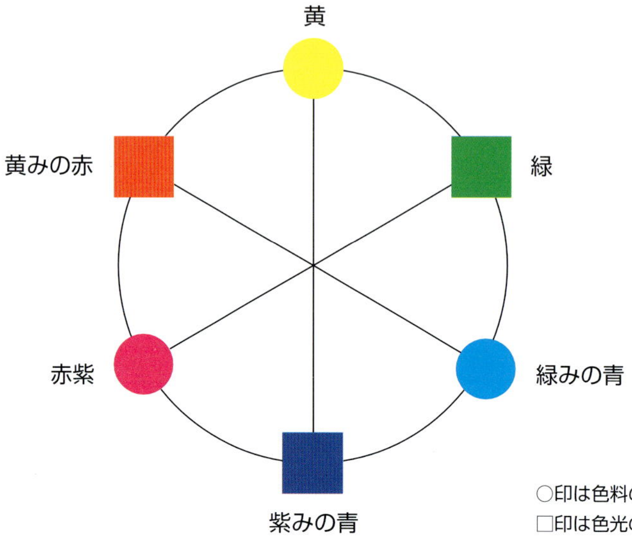

○印は色料の三原色
□印は色光の三原色

■加法混色と減法混色の関係

色光の三原色と色料の三原色は、たがいに関係があります。色光の三原色を2色ずつ加法混色してできる3つの色は色料の三原色になり、色料の三原色を2色ずつ減法混色してできる3つの色は色光の三原色になるのです。

例えば、色光の三原色のうち〈黄みの赤〉と〈緑〉を加法混色すると、右の表のように色料の三原色の一つである〈黄〉になります。また、色料の三原色のうち〈黄〉と〈緑みの青〉を減法混色すると、右の表のように色光の三原色の一つである〈緑〉になります。

上の図で「黄」と「紫みの青」などのように、相対する位置にある2色は、混色すると無彩色（色光の混色では白、色料の混色では黒〔暗灰色〕）になります。これらの色どうしを**物《ぶつ》理《り》補色《ほしょく》**（*）といいます。

（*）「補色」と呼ばれる色の関係には、第2章で触れたように、もう一つ「心理補色」というものがあります。心理補色については、第6章で説明します。

●「色光の三原色」の2色を加法混色すると「色料の三原色」になる

黄みの赤（色光の三原色）

短波長	中波長	長波長
×	×	◎

短波長	中波長	長波長
×	◎	×

緑（色光の三原色）

加法混色すると → たし算される

黄（色料の三原色）

短波長	中波長	長波長
×	◎	◎

〈黄みの赤〉と〈緑〉を加法混色すると、〈黄みの赤〉の長波長の光と〈緑〉の中波長の光が加算され、長波長と中波長の光を多く含む「黄」になります。

●「色料の三原色」の2色を減法混色すると「色光の三原色」になる

黄（色料の三原色）

短波長	中波長	長波長
×	◎	◎

吸収　　吸収

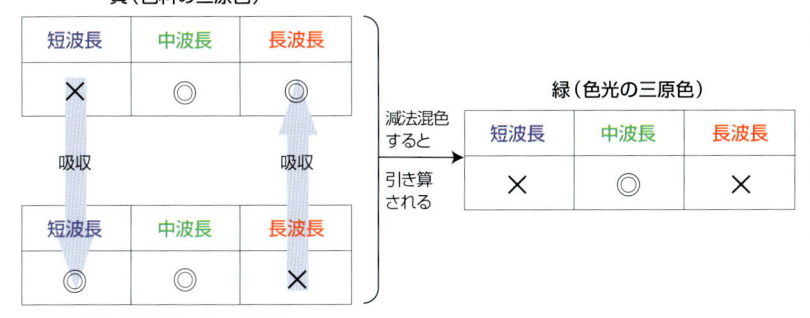

短波長	中波長	長波長
◎	◎	×

緑みの青（色料の三原色）

減法混色すると → 引き算される

緑（色光の三原色）

短波長	中波長	長波長
×	◎	×

〈黄〉と〈緑みの青〉を減法混色すると、〈黄〉によって〈緑みの青〉の短波長は吸収され、〈緑みの青〉によって〈黄〉の長波長は吸収されます。結局は中波長の光のみが残り、混色された色は「緑」になります。

私の経験なんだけど、教科書の重要語句を緑のマーカーで塗り、赤紫の透明な下敷きを重ねるか、赤紫のマーカーに緑の下敷きを重ねると、マーカーで塗った部分が黒くなって文字が見えなくなったのね。これは、物理補色をうまく活用しているのよ。

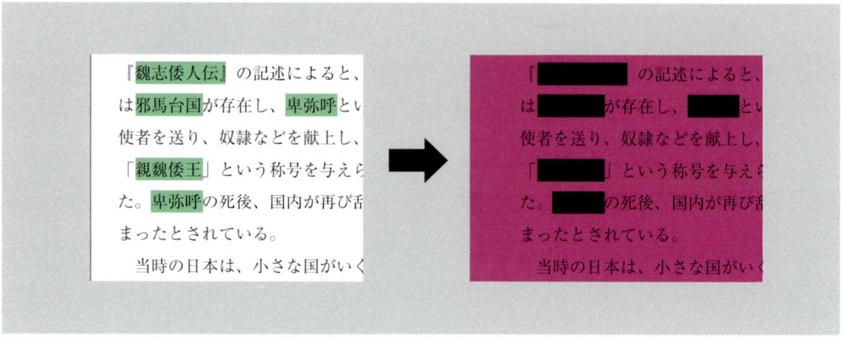

■条件等色

〈黄みの赤〉と〈緑〉の色光を混色すれば、スペクトル（17ページ参照）の黄色の部分と等しく見える色を作ることができます。しかし、色光の混色によってできる黄色の色光は長波長と中波長の光が混ざりあっているのに対して、スペクトルの黄色は単一波長の光です。つまり、この2色は私たちの目には同じ黄色に見えますが、物理的な光の組成《そせい》は異なっています。

同じように、レモンの黄色はカラー写真でもテレビの画面でも私たちの目には同じ色に見えますが、混色の方法が異なるため、目に入ってくる物理的な光の組成は同じではありません。このように、物理的に異なる色が同じ色に見えることを**条件《じょうけん》等色《とうしょく》（メタメリズム）**といいます。「条件等色」と呼ばれるのは、ある特定の条件のもとでのみ等しい色に見えるからです。

これらの色は、物理的には異なる色なので、照明などの色を見る条件が変わると、同じ色には見えません。

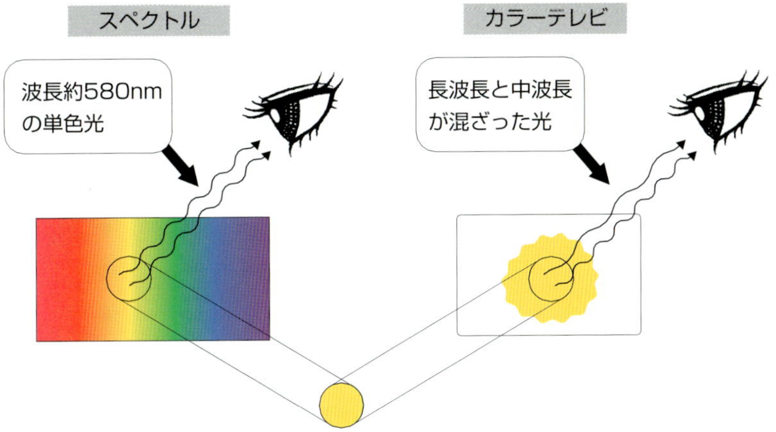

●これだけは、覚えておこう●

[加法混色と減法混色]

●２種類以上の色から別の色を作り出すことを「混色」という。

●色光の混色は、元の色光より混色後の色光の方が明るくなるので「加法混色」と呼ばれている。色光の三原色は〈黄みの赤（R）〉〈緑（G）〉〈紫みの青（B）〉である。

●色料の混色は、元の色より混色後の色が暗くなるので「減法混色」と呼ばれている。色料の三原色は〈黄（イエロー、Y）〉〈緑みの青（シアン、C）〉〈赤紫（マゼンタ、M）〉である。

●混色すると無彩色になる色どうしを「物理補色」という。

●物理的には異なる色が、特定の条件のもとで、同じ色に見えることを「条件等色（メタメリズム）」という。

中間混色

■並置混色

絵の具の混色は減法混色なので、混ぜれば混ぜるほど暗くなってしまいます。そこで、暗くしないで新たな色を作り出せないものかと考えられた方法が点描画法です。

これは、絵の具をパレットの上で混ぜないで、チューブから出したままの色をカンバスの上に細かい点として、びっしりと並べて置くという方法です。こうして描かれたものを離れて眺めると、見ている人の目の中で混色が起こり、色を混ぜ合わせたのと同じように新たな色に見えます。このような混色の方法を**並置混《へいちこん》色《しょく》**または**並置混合《へいちこんごう》**といいます。このとき色料の混色のように暗くなりません。

点描画法は、スーラ（1859～1891）やシニャック（1863～1935）などの「新印象派」と呼ばれる画家たちや、日本人では岡鹿之助（1898～1978）により使われ

サン=トロペの港（ポール・シニャック） 国立西洋美術館蔵

ました。

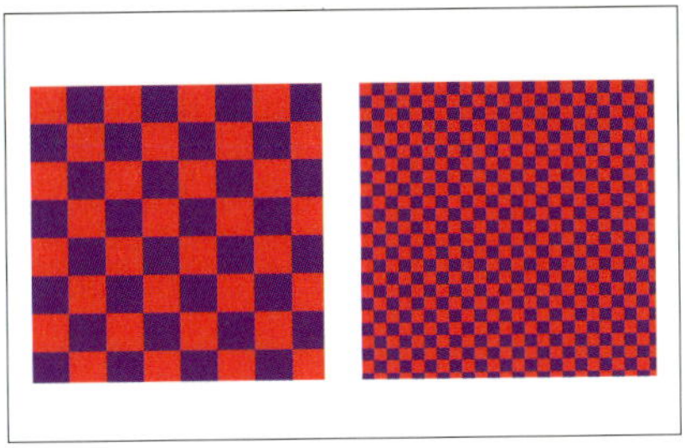

また、色の異なる縦糸と横糸で織った布は、並置混色で新たな色を見せています。例えば右の図は、縦糸が赤で横糸が紫なので、遠くから見ると並置混色されて赤紫に見えます。

そのほか、カラーテレビ画面の色も並置混色を利用しています。

カラー印刷では色料の三原色と黒の網点で色を表します。敷き詰められた網点と紙の白による「並置混色」と、一部の網点が重なることによる「減法混色」によって、さまざまな色が表せるようになっています。

■回転混色

コマやレコードのように回転する円板を、各色の面が扇形になるように塗り分けて高速回転させてみます。このとき、目はこの2色を交互に見ているはずなのですが、高速回転のために色の切り替えを識別できずに、目の中で混色して一つの新しい色が見えます。このような混色を**回転混色《かいてんこんしょく》**または**回転混合《かいてんこんごう》**といいます。

例えば、下のように「赤」と「黄」に塗り分けられた円板を回転させると、「だい

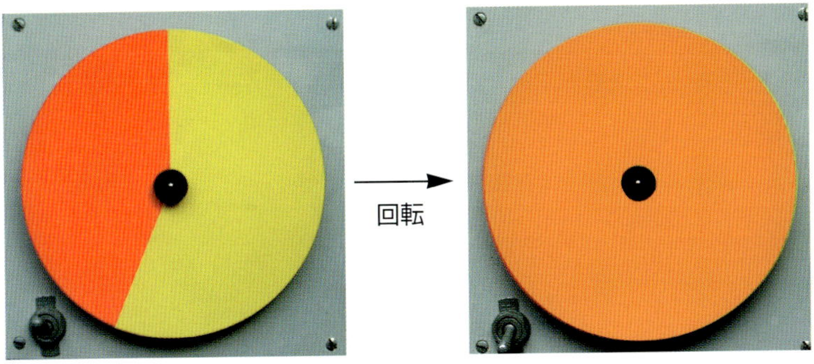

だい」になります。

回転混色や並置混色は、加法混色の一種です。しかし、加法混色では混色された色が元の色より明るくなるのに対して、回転混色や並置混色では、混色された色は元のそれぞれの色が占める面積の割合に応じて平均化されるので、色の明るさも平均化されます。そこで、このような混色を**中間《ちゅうかん》混色《こんしょく》**または**中間《ちゅうかん》混合《こんごう》**と呼んでいます。

●これだけは、覚えておこう●

[中間混色]

● 「並置混色」と「回転混色」で混色された色は、元のそれぞれの色が占める面積の割合に応じて色の明るさが平均化されるので、「中間混色」と呼ばれている。中間混色は加法混色の一種である。

第5章

色の感情効果

●効果的に色を使いこなすために

第5章	色の感情効果 ●効果的に色を使いこなすために

さまざまな色の感じ方

色を見るとき、私たちにはさまざまな感情がわき起こります。「好き」とか「きれい」といった情緒的な感じ方もあれば、「暖かそう」とか「柔らかそう」といった生理的な感じ方もあります。

情緒的な感じ方は、見る人の育ってきた環境やそのときの感情に左右されるため、個人差があります。それに対して、生理的な感じ方はほとんどの人が同じように感じます。多くの人が色を見たとき、どのように感じるかを知ることは、色のイメージ演出を成功させるために必要なことです。

ここでは、生理的な感じ方について説明しましょう。

●生理的な色の感じ方

色の感じ方	関係する属性	例
暖かい・冷たい	色相	暖かい  冷たい
興奮・沈静		興奮 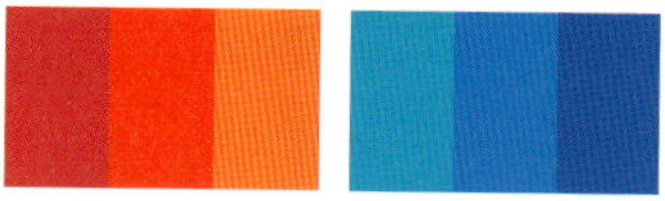 沈静
軽い・重い	明度	軽い  重い
柔らかい・硬い		柔らかい  硬い
派手・地味	彩度	派手  地味

暖かい色と冷たい色

どっちを冷たく感じる？

色の寒暖感は、主に色相に関係します。

色を見て「暖かい」という感情が働く色を暖色《だんしょく》といいます。「赤」「赤みのだいだい」「黄みのだいだい」「黄」やその周辺の色相の色が暖色です。こうした色の感じ方は、境界がはっきりと決められるものではないので、大まかなところでとらえましょう。暖色をまとめて暖色系《だんしょくけい》と呼んでいます。

一方、「冷たい」とか「涼しい」という感情が働く色を寒色《かんしょく》といいます。「青緑」、「緑みの青」、「青」やその周辺の色相の色が寒色です。寒色をまとめて寒色系《かんしょくけい》と呼んでいます。

暖かいとか冷たいといった感情が表にでない色を中性色《ちゅうせいしょく》といいます。中性色は「緑」、「紫」やその周辺の色相の色です。

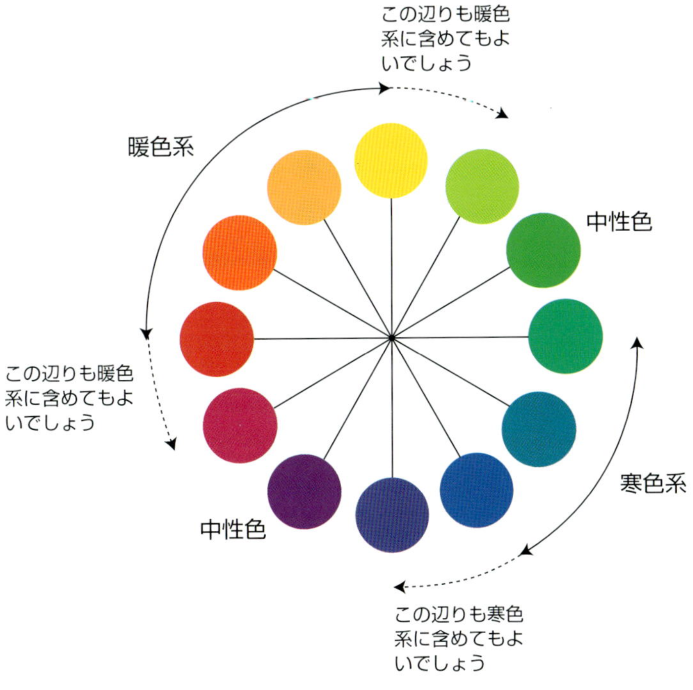
この辺りも暖色
系に含めてもよ
いでしょう
暖色系
中性色
この辺りも暖色
系に含めてもよ
いでしょう
寒色系
中性色
この辺りも寒色
系に含めてもよ
いでしょう

東京タワーは、１年中美しくライトアップされているけど、夏と冬では照明の色が違うのを知ってる？夏には、涼しく見える青白い色の光で照らし、冬には暖かみのあるオレンジ色の光で照らしているの。皆さんも暑いときには寒色系を、寒いときには暖色系を上手に用いて、快適な生活をおくってね。

夏の東京タワー

冬の東京タワー

●これだけは、覚えておこう●

[暖かい色と冷たい色]

●色の寒暖は、色相に関係した感じ方である。「暖色」「寒色」「中性色」がどの色相の色なのかを理解しておこう。

興奮色と沈静色

色を見ることによって興奮感が生じる色を**興《こう》奮色《ふんしょく》**といいます。暖色系で、彩度の高い色ほど興奮感は強くなります。こうした色に囲まれていると、呼吸や脈拍が速くなり、血圧や体温が上がるといわれています。

逆に、色を見ることによって沈静感が生じる色を**沈《ちん》静色《せいしょく》**といい、寒色系の色がこれにあたります。沈静色に囲まれていると、呼吸や脈拍が遅くなり、血圧や体温が下がるといわれています。

色の興奮・沈静は、寒暖と同じように、主に色相に関係した感じ方です。

闘牛士は、ムレタ（赤い布）を振って牛を挑発するわね。皆さんは、あの赤い色は牛を興奮させるためだと思っていない？牛は色ではなく、動いているものに反応しているだけなのよ。あの赤い色は牛ではなく、ほかならぬ観客を興奮させるために使われているのを知ってた？

沈静色である寒色系の色は、鎮痛剤や解熱剤のパッケージによく使われているわ。薬の効き目である沈静効果を、パッケージの色によって、ひと目でわかるようにしているのよ。

●これだけは、覚えておこう●

[興奮色と沈静色]

●色の興奮・沈静は、主に色相に関係した感じ方である。暖色は「興奮色」であり、寒色は「沈静色」である。

軽い色と重い色

重く見えるのはどっち？

　右の絵を見てください。同じ大きさの明るい青色の箱と黒い箱がありますね。あなたにはどちらが重く見えますか。

　黒い箱はずっしりと重い感じがしますが、明るい青色の箱は軽い感じがしますね。これは、明るい色ほど軽く見え、暗い色ほど重く見えるためです。つまり、色の軽重感は明度に関係した色の感じ方です。

　運搬作業で使うダンボール箱が明るい色をしているのは、作業の能率を考慮してのことです。暗い色の箱だと実際以上に重く感じて、運ぶ人が疲れてしまいます。

暗い色が下にあると安定感が出て、落ち着いた感じになるわね。
暗い色が上にあると不安定だけど、軽快でスポーティな感じがするわね。

●これだけは、覚えておこう●

[軽い色と重い色]

●色の軽重感は、明度に関係した感じ方である。高明度の色は軽く見え、低明度の色は重く見える。

柔らかい色と硬い色

明るい色は軽く見えるのと同時に柔らかく見え、暗い色は重く見えるのと同時に硬く見えます。

柔らかい・硬いという色の感じ方は、軽重感と同じように、主に明度に関係します。ただし最も明るい白は軽く見えますが、反射がきついために柔らかい感じはしません。高明度のグレイやグレイを含んだ明るい色が柔らかく見えます。これに対して、硬く見える色は黒や暗い暗清色です。

赤ちゃんの産着や寝具は、明るく淡い色調を用いて柔らかいイメージを演出しています。メカニカルなものなど、硬く丈夫に見せたいものには暗い色が使われています。

柔らかい色

硬い色

●これだけは、覚えておこう●

[柔らかい色と硬い色]

●色の柔らかい・硬いという感じ方は、明度に関係した感じ方である。
高明度の色は柔らかく見え、低明度の色は硬く見える。

派手な色と地味な色

色の派手・地味は、彩度に関係した感じ方です。彩度が高い色は派手に見え、彩度が低い色は地味に見えます（*）。

子ども向けのおもちゃやスポーツウェア、遊園地などは、派手な色で元気さや楽しさを表現しています。茶道具などの和風の物には、渋さや落ち着きを感じさせる地味な色が使われています。

派手な色

地味な色

（*）ただし、低彩度の色であるペールトーンは地味には見えません。厳密にいえば、地味に見える色は低彩度でグレイッシュな色です。

●これだけは、覚えておこう●

[派手な色と地味な色]

●色の派手・地味という感じ方は、彩度に関係した感じ方である。高彩度の色は派手に見え、低彩度の色は地味に見える。

色のイメージ

色を見ることにより、私たちはさまざまなイメージを思い浮かべます。赤を見ると「太陽」「情熱」などがイメージされ、緑からは「葉」「若々しい」などがイメージされます。

色のイメージには、「太陽」や「葉」のように実際に形のある具体的なものを連想する場合と、「情熱」や「若々しい」といった抽象的な事柄を連想する場合があります。色が異なれば、抱くイメージも当然異なります。

●色のイメージ

色	イメージ
赤	リンゴ、血、バラ、火、太陽 情熱、興奮、歓喜、危険、活動
だいだい	ミカン、夕焼け、柿、太陽、炎 健康、元気、活発、喜び
黄	レモン、バナナ、ヒマワリ、卵、菊 明朗、陽気、元気、楽しい
緑	葉、木、山、草、森 新鮮、平和、平静、若々しい、安全
青	空、海、水、湖 深遠、忠実、理想、清澄、沈着
紫	ブドウ、スミレ、ナス、着物、フジの花 高貴、神秘、優雅、心配
白	雪、雲、紙、牛乳、ウサギ 清潔、純粋、潔白、神聖
灰	雲、ネズミ、煙、道路、雨 陰うつ、不安、落ち着き、平凡
黒	髪、夜、墨、暗闇 厳粛、恐怖、悲哀、死滅

「紫」はなぜ高貴なイメージなの？

合成染料がない時代、西洋では紀元前のころより貝から色素をとって、紫に染めていました。しかし、2000個の貝からたった１グラムしか染料がとれないため、１着の服を染めるのに莫大な費用がかかりました。そのため、紫は皇帝や貴族しか着ることができない、特別な色だったのです。クレオパトラは、富と権力の象徴として紫をたいへん好んだといわれています。

日本では、紫草の根から染料をとって紫に染めました。100グラムの根から１グラムの染料しかとれないため、貝紫と同様に、紫の染め物はやはりたいへん高価なものでした。平安時代、紫は貴族階級の憧れの色だったのです。

このように洋の東西を問わず、紫は最も高価な染め色であり、王侯貴族が独占した色なので、昔から高貴な色とされてきたのです。そして、紫に対する高貴なイメージは、今日まで変わることなく受け継がれていて、天皇家のシンボルカラーや英王室のオフィシャルカラーとして現在でも使われています。

●これだけは、覚えておこう●

[色のイメージ]

●前ページの表で、各色のイメージを把握しよう。

第6章

色の見え方

●色は周囲の色に影響される

第6章 色の見え方 ●色は周囲の色に影響される

色の対比

■色の対比とは

私たちが物を見るときには、ある色だけを単独で見ることはまずありません。ほとんどの場合、周囲の色と一緒に見ています。例えば、お皿に盛られた料理を見るとき、料理の色だけでなくお皿の色も、その周囲の色もすべて目に入ります。ですから、普段はあまり気づかないかもしれませんが、料理の色はこれらの色に影響された見え方をしているのです。

下の写真のように、寿司の盛り付けには、よく緑の笹の葉が添えられます。この緑があることによって、赤いマグロやエビなどがより赤みを増して見え、いかにもおいしそうに感じるのです。

このように、色がほかの色に影響されて、本来の色とは多少異なった見え方をする現象を**色《いろ》の対比《たいひ》**と呼んでいます。

配色を計画するときには、このような色の見え方を
考慮して、効果的に色を使っていきたいですね。

■同時対比と継時対比

色の対比は、色を見るときの見方によって同時対比《どうじたいひ》と継時対比《けいじたいひ》に分けられます。

◆同時対比

「同時対比」とは、2つの色を同時に見るときに起こる対比現象をいいます。つまり、ある色が同時に見えている周りの色に影響されて、その色を単独で見る場合とは多少異なって見える現象です。前述のお寿司の例は、同時対比に当たります。

同時対比には、「明度対比」「彩度対比」「色相対比」「補色対比」「縁辺《えんぺん》対比」などがあります。これらについては、後で詳しく説明します。

◆継時対比

ある色をしばらく見続けた後に目をほかのものに移すと、先に見ていた色の影響を受け、次に見た色が多少異なって見えます。このように、2つの色を順次見るときに起こる対比現象を「継時対比」と呼んでいます。

継時対比の例としては、「補色残像現象」があります。

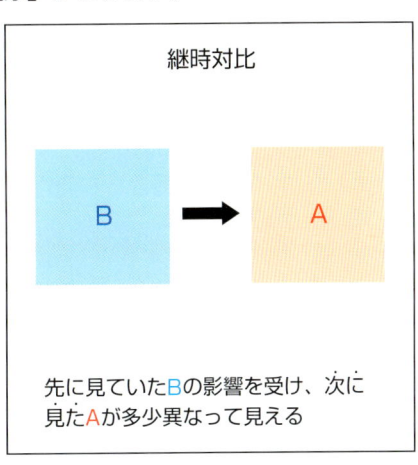

同時対比

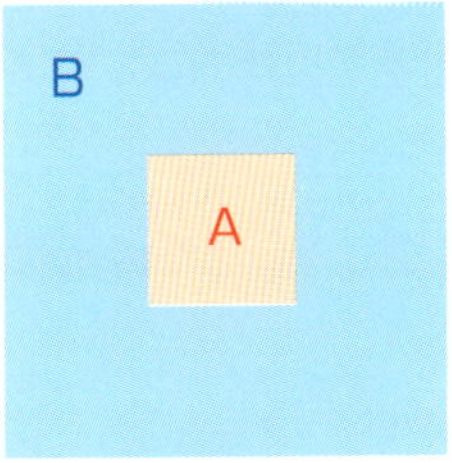

Aが同時に見えているBの影響を受け、多少異なって見える

継時対比

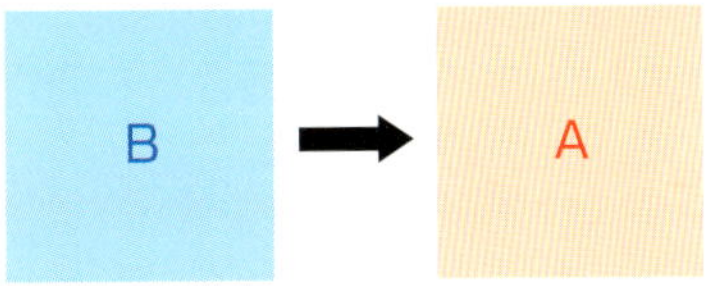

先に見ていたBの影響を受け、次に見たAが多少異なって見える

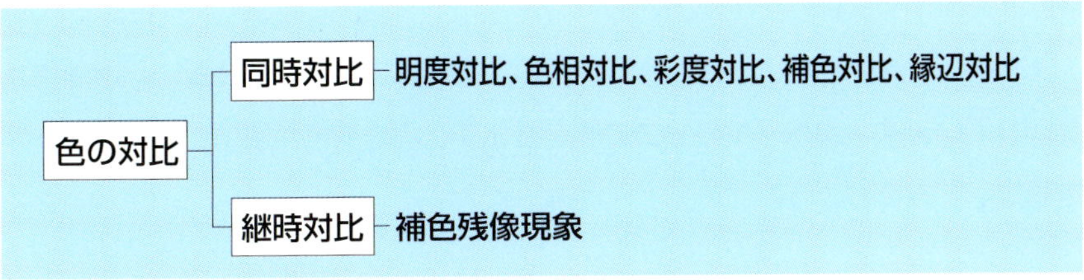

■補色残像現象

下の黄色い丸を30秒くらいじっと見つめてから、右側の＋印に目を移して、これをじっと見つめてみましょう。

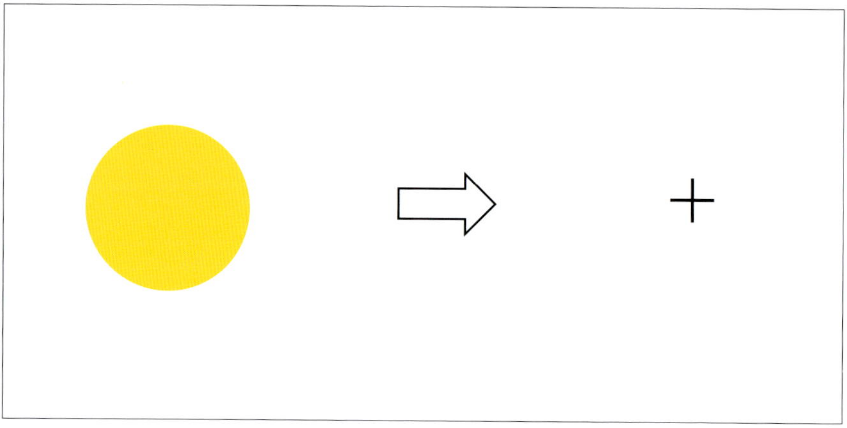

何が見えましたか？　うすい青紫の丸が見えてきましたよね。

このように、ある色をしばらく見つめてから目をほかに移すと、今まで見ていた色とは反対の色が残像として現れます。この現象を**補《ほ》色《しょく》残《ざん》像《ぞう》現《げん》象《しょう》**と呼びます。そして、最初に見つめていた色と残像として現れた色とをたがいに**心《しん》理《り》補《ほ》色《しょく》**の関係にあるといいます。

私たちの目は、ある色をしばらく見つめていると、その刺激によって疲れてきます。そこで目は、今見つめている色とは反対の刺激を網膜上に誘い出して、先の刺激をやわらげるという働きをします。そのため、補色残像現象が生ずるのです。

36ページで説明したように、ＰＣＣＳの色相環は、相対する位置に心理補色が置かれています。次ページの2つの例を試して、心理補色が残像として現れるのを確認してみましょう。

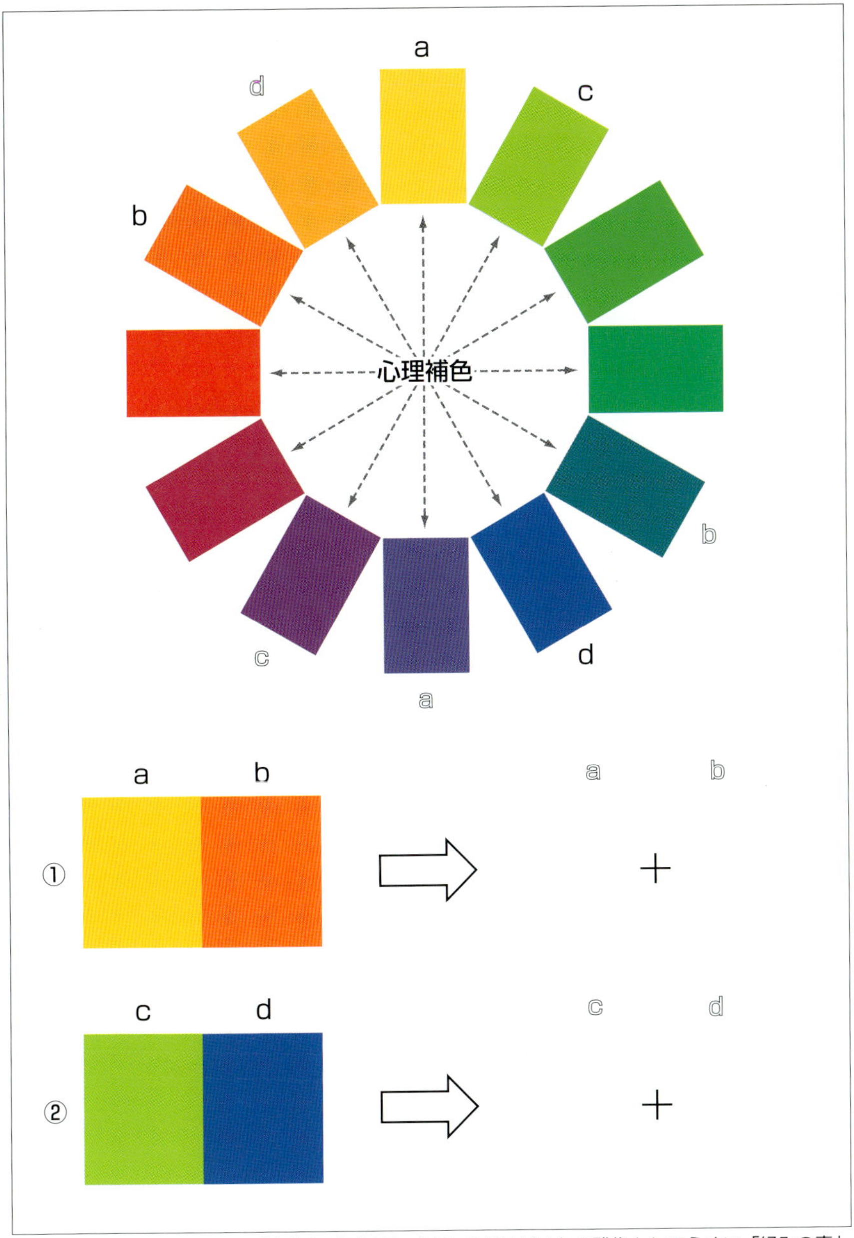

① 「黄」の残像としてうすい「青紫」が見える。「赤みのだいだい」の残像としてうすい「緑みの青」が見える。

② 「黄緑」の残像としてうすい「紫」が見える。「青」の残像としてうすい「黄みのだいだい」が見える。

かの有名な文豪ゲーテ（1749〜1832）は、色彩について強い関心を寄せていたことでも知られていて、『色彩論』という本を書いているのよ。彼は、この本の中で、次のような面白い体験を記しているわ。

「夕方私がとある酒場に立ち寄り、透き通るように白い顔をした、黒い髪の、真赤な胸衣を着た、立派な体つきの少女が私のいる部屋へ入ってきたとき、私は少し離れたところで私の前に立っている彼女を、薄明りの中でじっと見つめた。しばらくして彼女がその場から立ち去ると、私は向かい側の白い壁の上に、黒い顔が明るい輝きに包まれているのを見た。輪郭のはっきりした残りの衣服は美しい淡緑色に見えた」（木村直司訳『色彩論』、筑摩書房、140ページ）

白い顔の残像として黒い顔が、黒い髪の残像として明るい輝きが、そして真っ赤な胸衣の残像として淡緑色が見えたのですね。

●これだけは、覚えておこう●

［色の対比］

- ●「色の対比」とは、色がほかの色の影響を受けて、多少異なった見え方をする現象をいう。
- ●色の対比には、２つの色を同時に見るときに生じる「同時対比」と、ある色を見た後にほかの色を見るときに生じる「継時対比」がある。
- ●同時対比には「明度対比」「色相対比」「彩度対比」「補色対比」「縁辺対比」がある。
- ●継時対比には「補色残像現象」がある。
- ●「補色残像現象」とは、ある色をしばらく眺めてから目をほかに移すと、目を移したところに、今まで見ていた色の「心理補色」が残像として現れる現象をいう。

病院の手術室に青緑色が使われる理由

手術のときには、通常は白衣を着ている医者も青緑色の手術衣を着ます。また、看護師の手術衣や患者にかぶせる布、手術室の壁のタイルの色に至るまでがすべて薄い青緑をしています。しかし、現在では一般的なこの色彩も、昔はすべて白でした。それでは、なぜ青緑が使われるようになったのでしょうか。

手術をすれば、必ず赤い血が出ます。医者は、この赤い血を見ながら手術をします。このとき、周りが白い色をしていると、赤の心理補色である青緑の補色残像がはっきりと見え、目がちらついて疲れるのです。そこで、周りを補色残像と同じ青緑にしておけば、残像は吸収されて見えなくなり、ちらつきをなくすことができるのです。

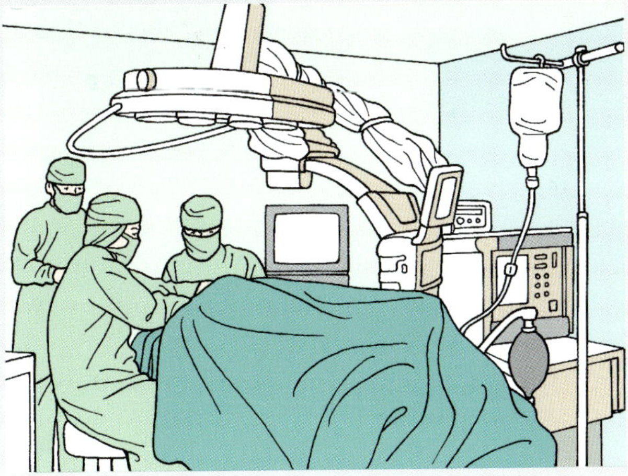

同時対比

■明度対比

周りにある色の影響を受けて、ある色の明度が本来より高く見えたり、低く見えたりする現象を**明度対比**《めいどたいひ》といいます。

ある色をＡとします。色Ａの背景に色Ａより明るい色があると、色Ａは本来よりも暗く見えます。反対に、色Ａより暗い色が背景にある場合、色Ａは本来よりも明るく見えます。つまり、明度対比は、明度の異なる色を組み合わせたとき、明度差が強調されて見える現象をいうのです。

下の図のように、同じ明るさのグレイを白と黒の上に置いて見比べてみましょう。白を背景にしたグレイは暗く見え、黒を背景にしたグレイは明るく見えていますね。

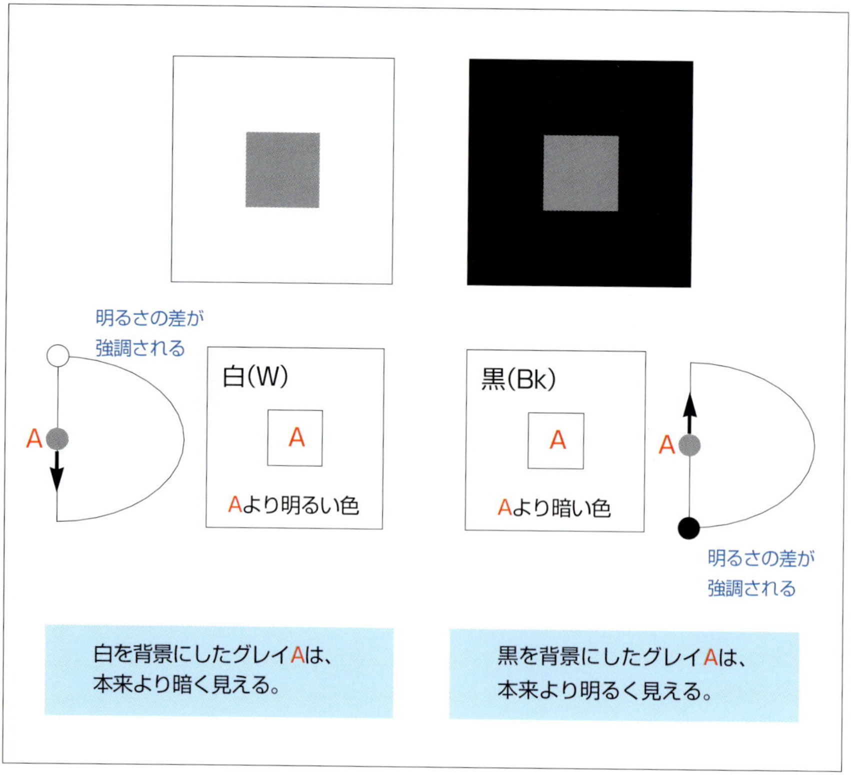

これらのグレイは、明るさだけではなく、大きさも異なって見えます。白の上のグレイは、黒の上のグレイよりも小さく見えています。これは、後で説明するように、暗い色は収縮して見え、明るい色は膨張して見えるためです。明度対比により明るさが異なって見えるため、大きさも異なって見えるのです。

有彩色でも、組み合わせる色の明度に差があれば、下の図のように明度対比は起こります。

私たちの肌の色も、洋服の色によって明るさが異なって見えます。例えば、右下の図のように白い服を着れば、肌の色は暗く見えますし、黒い色の服を着れば、肌の色は明るく見えます。

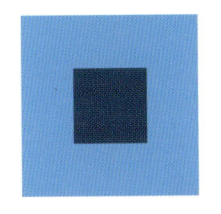

背景に明るい色があるため、図柄の色は、暗く見える。

背景に暗い色があるため、図柄の色は、明るく見える。

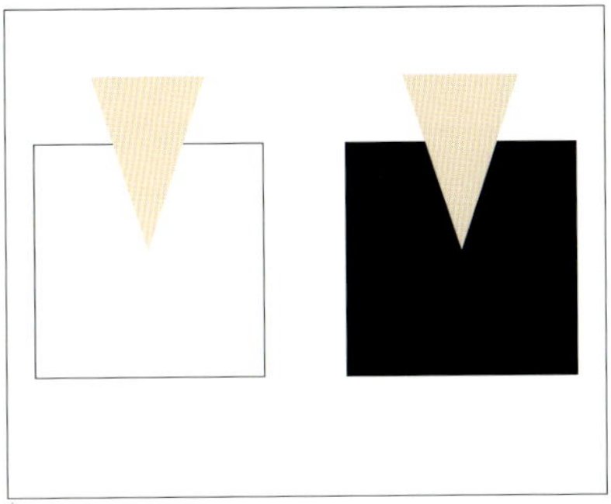

色の対比は、色と色との差が強調されて見える現象よ。私より身長の高い人に取り囲まれたら、私は、より身長が低く見えるわよね。色の対比も、これと同じように考えるとわかりやすいと思うよ。

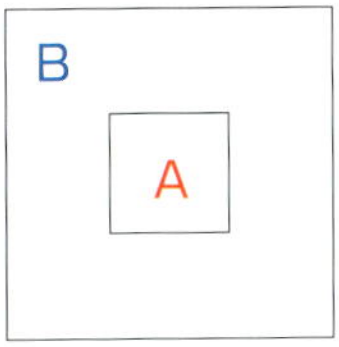

色Aと色Bの差が強調されて見える。

■色相対比

周りの色の影響を受けて、ある色の色相（色み）が少しずれて見える現象を色《しき》相対比《そうたいひ》といいます。

下の図のように、同じ「だいだい」を「黄」と「赤」の上に置いて見比べてみましょう。「黄」を背景にした「だいだい」はやや赤みを帯びて見え、「赤」を背景にした「だいだい」はやや黄みを帯びて見えますね。

このように色みが異なって見えるのは、背景色の補色残像に影響されるためです。「だいだい」を見れば、同時に背景の色も目に入ります。ですから、「黄」の上の「だいだい」は「黄」の心理補色である「青紫」の影響を受け、少し「青紫」のほうへ偏った色みに感じられるのです（図①)。色相環を見るとわかるように、「青紫」のほうへ偏るということは、やや赤みを帯びた色みになります。

一方、赤の上にある「だいだい」は「赤」の心理補色である「青緑」の影響を

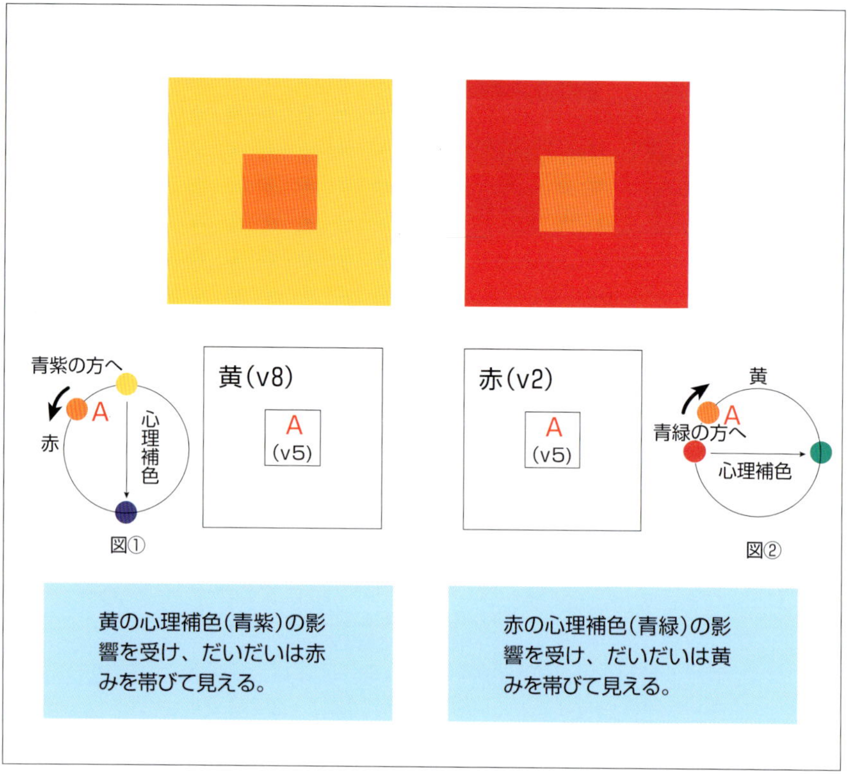

受けて、「青緑」のほうに色みが偏って感じられます（図②）。すなわち、色相環を見るとわかるように、やや黄みを帯びて見えることになります。

このように、色相対比とは、ある色の色みが、背景の色の心理補色の方向に少しずれて、色相差が強調されて見える現象をいうのです。

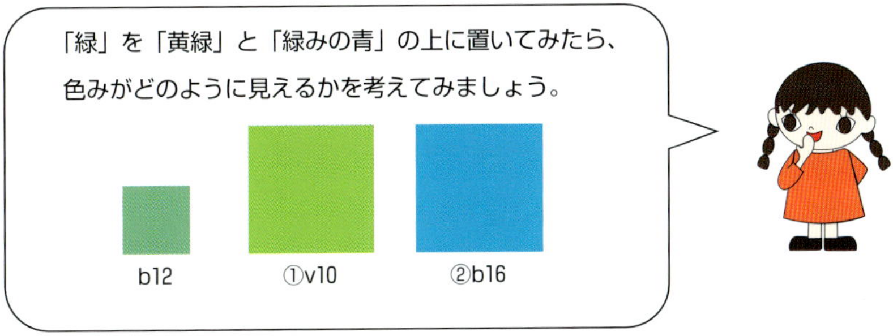

①「黄緑」を背景にした場合	②「緑みの青」を背景にした場合

①「黄緑」を背景にした場合

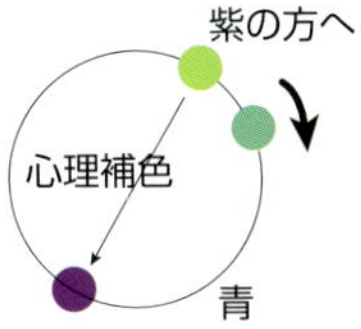

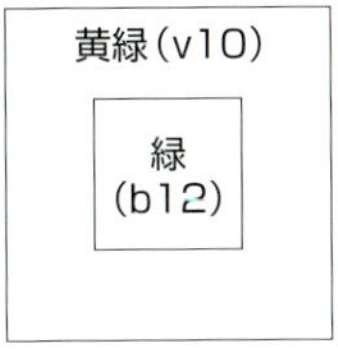

「緑」は、背景色「黄緑」の心理補色（紫）の影響を受け、「紫」のほうに偏った色みに感じられる。すなわち「緑」は青みを帯びて見える。

②「緑みの青」を背景にした場合

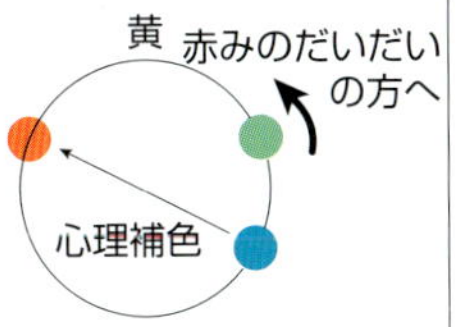

「緑」は、背景色「緑みの青」の心理補色（赤みのだいだい）の影響を受け、「赤みのだいだい」のほうに偏った色みに感じられる。すなわち「緑」は黄みを帯びて見える。

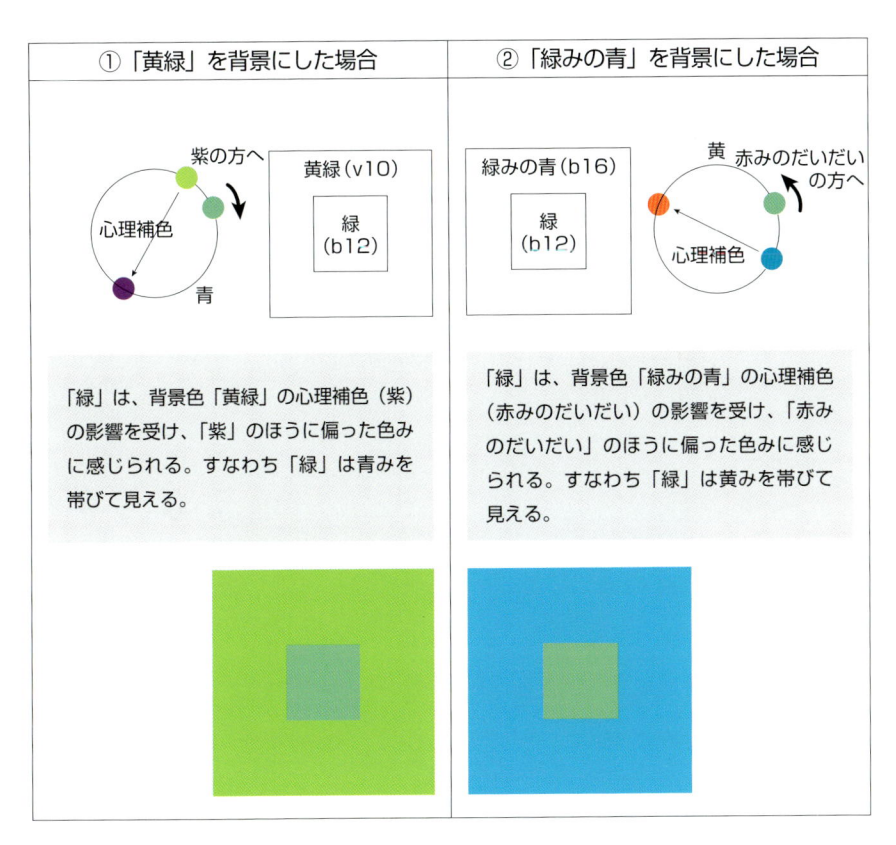

■彩度対比

周りにある色の影響を受けて、ある色の彩度が高く（色みが強く）見えたり、低く（色みが弱く）見えたりする現象を**彩度対比**《さいどたいひ》といいます。

色Ａの背景に、色Ａより彩度が高い色があると、色Ａの彩度は本来より低く見えます。反対に、色Ａより彩度が低い色が背景にあると、色Ａの彩度は本来より高く見えます。つまり、彩度対比とは彩度の異なる色を組み合わせたとき、彩度差が強調されて見える現象をいうのです。例えば同じスカーフでも、地味な色（彩度が低い色）の服を着ているときに付けると、彩度対比によって、本来より彩度が高く見え派手に感じられることがあります。

下の図のように、同じ「鈍い赤（d２）」を、より彩度の高い「さえた赤（v２）」の上と、より彩度が低い「灰みの赤（g２）」の上に置いて見比べてみましょう。

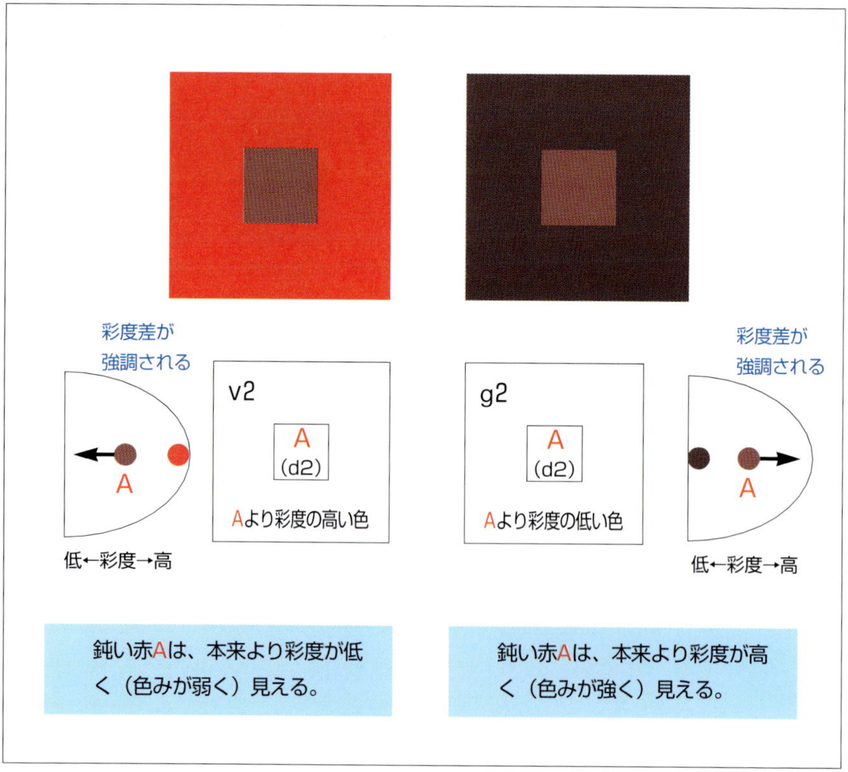

■補色対比

補色対比《ほしょくたいひ》とは、補色どうしの色が隣接しているときに起こる対比で、たがいに彩度が高められ、より鮮明に見える現象をいいます。彩度が高められて見えるので、「補色による彩度対比」ともいいます。

例として、下の図を見てみましょう。三角形の色はどちらも同じ「濃い赤(dp2)」です。しかし、心理補色である「青緑」を背景にしたほうの「赤」は彩度が高く、より鮮明に見えていますね。これは、背景の青緑の補色残像（赤）が重なって見えるためです。それに対して右図では、背景に同じ色相で彩度がより高い「さえた赤（v2)」があるため、彩度対比によって本来よりも彩度が低く、くすんで見えています。

この図では背景の色どうしも心理補色の関係にあるので、それぞれの色を単独で見た場合よりも鮮明に見えます。

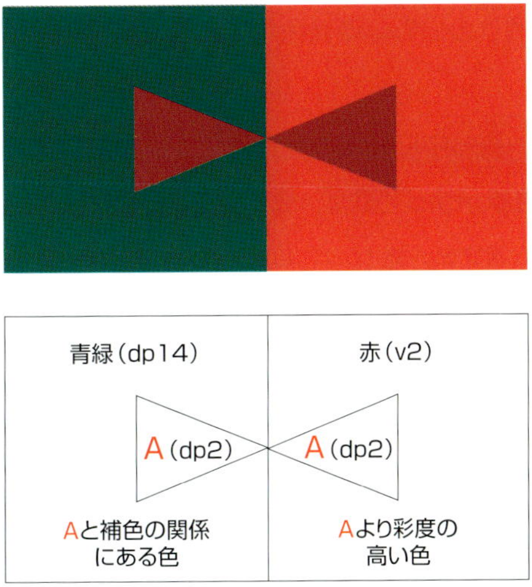

背景の青緑の心理補色である赤が、図柄の赤Aに重なって見えるため、Aは赤みを増して(鮮やかに)見える。

補色対比

背景にAより彩度の高い色(v2)がある。そのため、彩度対比を起こし、Aは彩度が低く(くすんで)見える。

彩度対比

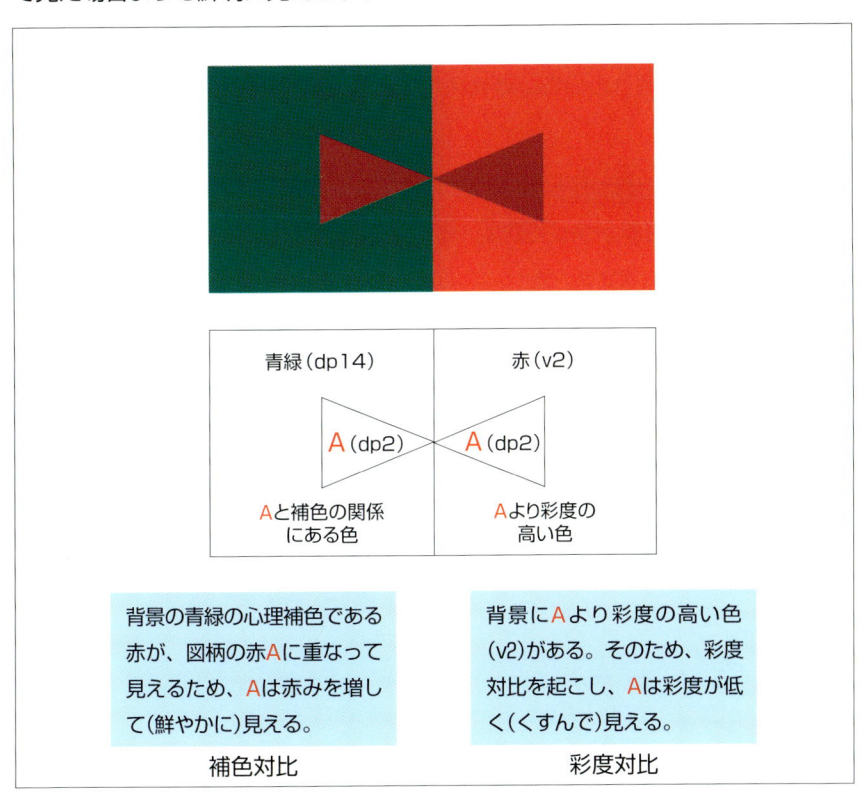

「紅一点《こういってん》」

たくさんの男性の中に1人だけ女性がいることを「紅一点」といいますよね。この言葉は、中国の詩の一節「万緑《ばんりょく》 叢 中《くさむらのなか》紅一点《こういってん》」からとられたものです。これは「緑の草むらの中に咲いている赤い一輪の花は、際立って見える」という意味です。補色対比をよく表していますね。

■色陰現象

色陰現象《しきいんげんしょう》とは、周りの色の心理補色が中心の図柄に重なって見える現象をいいます。

下の2つの図で、真ん中に置かれた正方形の色はどちらも同じグレイですが、黄の上のグレイは青紫がかって見え、青紫の上のグレイは黄みがかって見えます。これは背景の色の心理補色が重なって見えるためです。

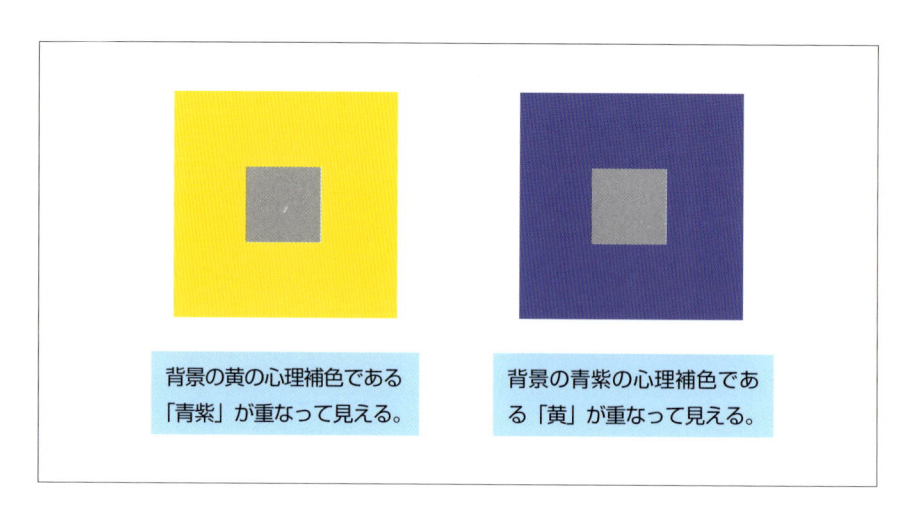

背景の黄の心理補色である「青紫」が重なって見える。

背景の青紫の心理補色である「黄」が重なって見える。

■縁辺対比

下の図は、明るいグレイから暗いグレイへと段階的にグレイを並べたものです。Aのグレイを見てみましょう。明るい色との境界付近はより暗く見え、暗い色との境界付近はより明るく見えていますね。A以外のグレイでも同じように見えるでしょう。つまり、境界付近は隣り合うグレイの明度差を強調するように見えています。

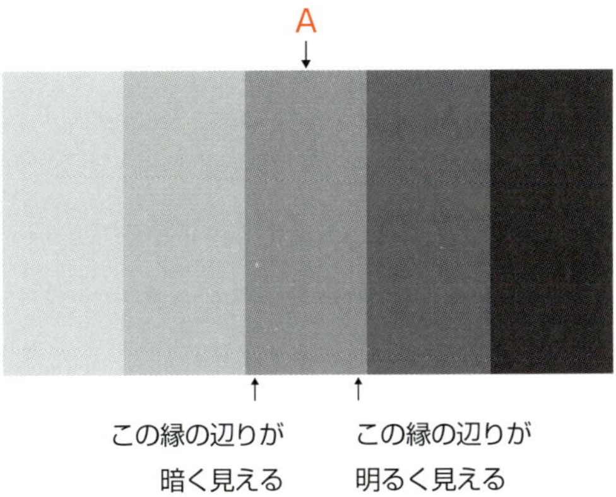

このように、隣接する色と色との境界付近で著しい対比現象が起こることがあります。このような現象を、色と色とが接する縁《ふち》で起こる対比であることから、**縁辺対比**《えんべんたいひ》と呼んでいます。

今度は右の図を見てください。全体的に眺めると、白い線が交差するところに丸い影が見えますね。

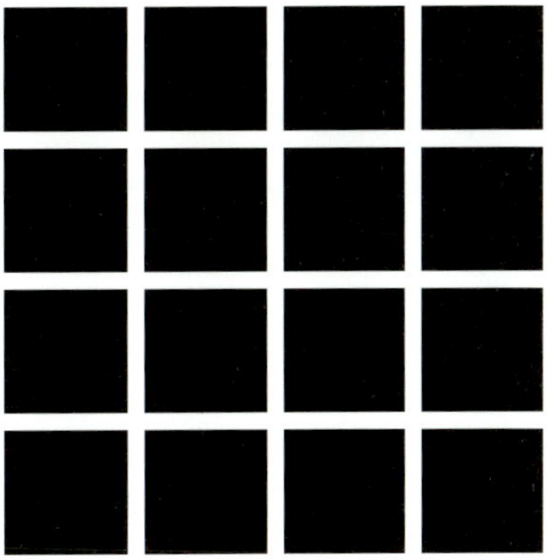

これも縁辺対比の一種で「ハーマングリッド効果」といいます。これは、交差部分が他の白い部分と比べて、黒から少し距離があるために対比が弱くなり、やや暗く見えるのです。

●これだけは、覚えておこう●

[同時対比]

- 「明度対比」とは、明度の異なる2色が配されたとき、明度差が強調されて見える現象をいう。明るい色の中では暗く見え、暗い色の中では明るく見える。
- 「色相対比」とは、色相の異なる2色が配されたとき、色相差が強調されて見える現象をいう。背景色の心理補色の方向に、色相がずれて見える。
- 「彩度対比」とは、彩度の異なる2色が配されたとき、彩度差がより強調されて見える現象をいう。彩度の高い色の中では、彩度が低く見え、彩度の低い色の中では、彩度が高く見える。
- 「補色対比」とは、補色どうしの色が隣接しているときに起こる対比で、たがいに彩度が高められ、より鮮明に見える現象をいう。
- 「色陰現象」とは、背景の色の心理補色が図柄に重なって見える現象をいう。
- 「縁辺対比」とは、色と色とが接する縁に、著しい対比が現れる現象をいう。

色がどのように変化して見えるのか、それぞれの現象をよく把握しておきましょう。

色の同化

　これまで解説してきた対比現象は、色と色の差が強調されるように見える現象でした。

　しかしこれとは逆に、色どうしが近づくように変化して、似て見える現象もあります。このような現象を**色《いろ》の同化《どうか》**または**フォン・ベゾルト効果**といいます。下の図のように、同じ地色（背景）に異なる色の縞《しま》模様を入れて、同化現象を見てみましょう。

明度の同化

左のグレイは、白線と同化して、本来より明るく見えます。右のグレイは、黒線と同化して、本来より暗く見えます。

色相の同化

左の緑は、黄の線と同化して、黄みの緑に見えます。右の緑は、青の線と同化して、青みの緑に見えます。

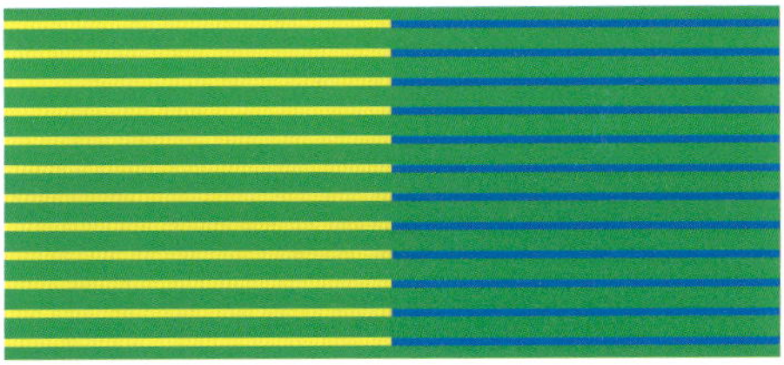

彩度の同化

左の赤は、高彩度の赤の線と同化して、本来より彩度が高く見えます。右の赤は、グレイの線と同化し、本来より彩度が低く見えます。

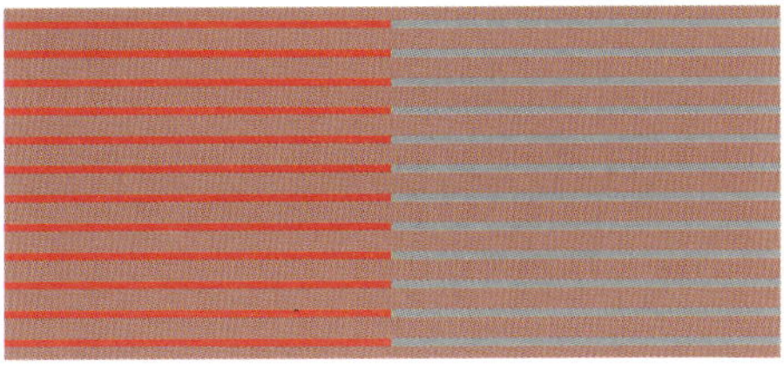

この現象は、柄が細かいほど起こりやすく、配色された色どうしの色相と明度が近いほど顕著に現れます。

下の2つの図を見てみると、上の図では2色の間に同化現象が生じ、下の図では2色の間に対比現象が生じているのがわかります。柄の幅を変えていくと、同化が対比に、あるいは対比が同化に変わるのです。

対比も同化も色と色との相互作用であり、いわば隣り合わせの現象で、その境界は必ずしもはっきりしません。

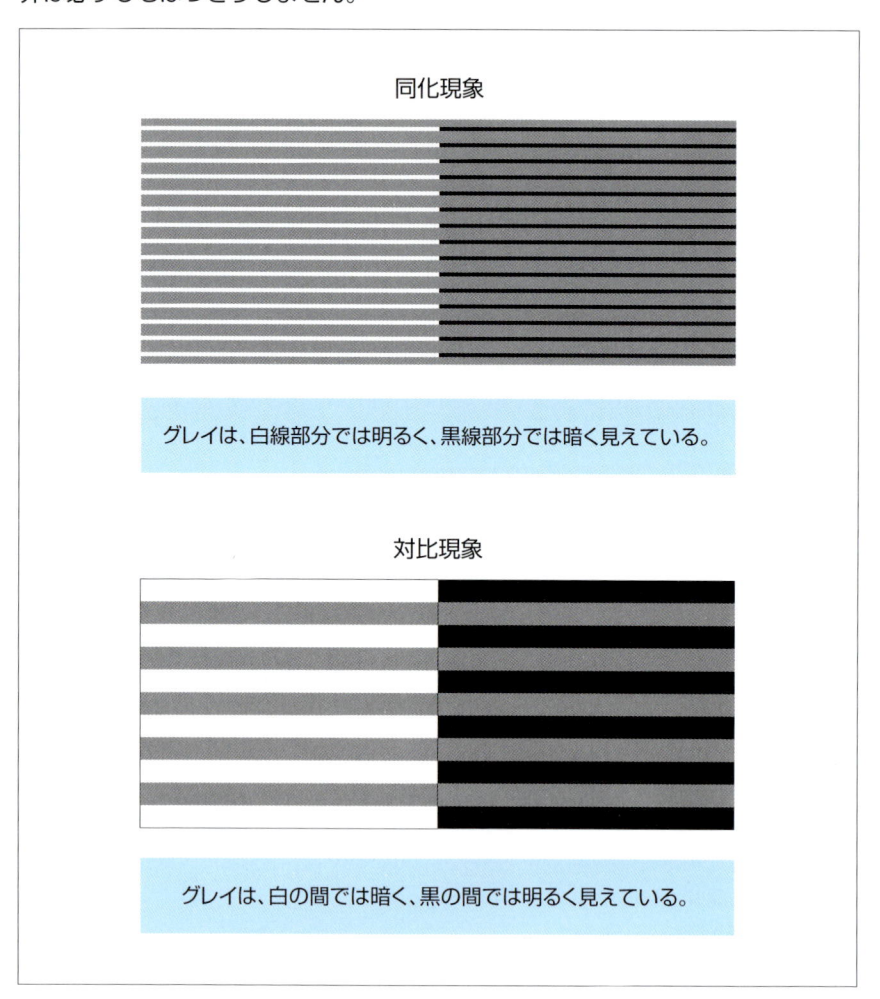

同化現象

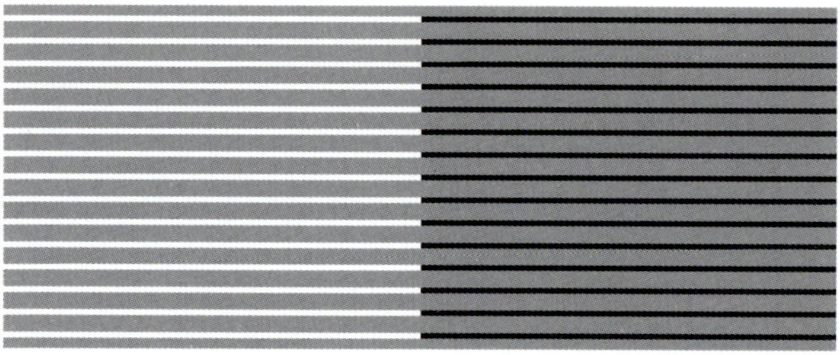

グレイは、白線部分では明るく、黒線部分では暗く見えている。

対比現象

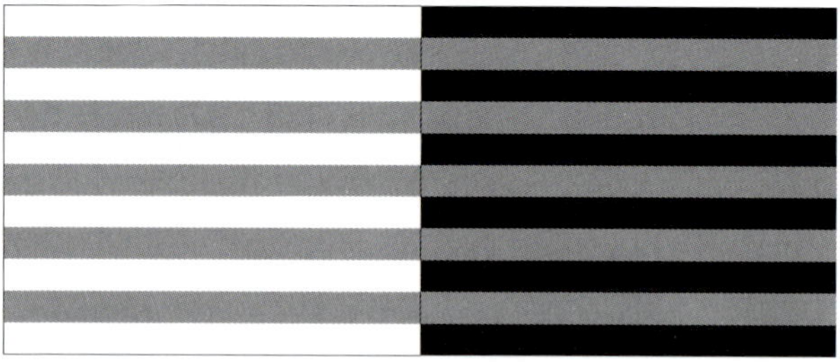

グレイは、白の間では暗く、黒の間では明るく見えている。

同化現象や対比現象は、私たちの生活の身近なところでも、いろいろと利用されているのよ。

●同化現象を利用した例

赤い網をかぶせることによって、ミカンの色が赤みを帯びて見えます。

●対比現象を利用した例

青緑のトレイにのせると、リンゴはより赤みを増して見えます。

●これだけは、覚えておこう●

[色の同化]

●対比現象とは逆に、色と色とが近づいて似て見える現象を「色の同化」（フォン・ベゾルト効果）という。

その他の色の見え方

■色の面積効果

大きな面積に塗料を塗ると、小さな色見本で見た色より明るく鮮やかに感じられるといったことがあります。このように、実際には同じ色でも、面積によって色の見え方は変化します。

明るい色は、面積が大きくなると、より明るく鮮やかに感じられます。反対に暗く感じる色は、面積が大きくなると、より暗く感じます。このように、面積の大小によって明度や彩度に変化を感じることを**色《いろ》の面積効果《めんせきこうか》**といいます。

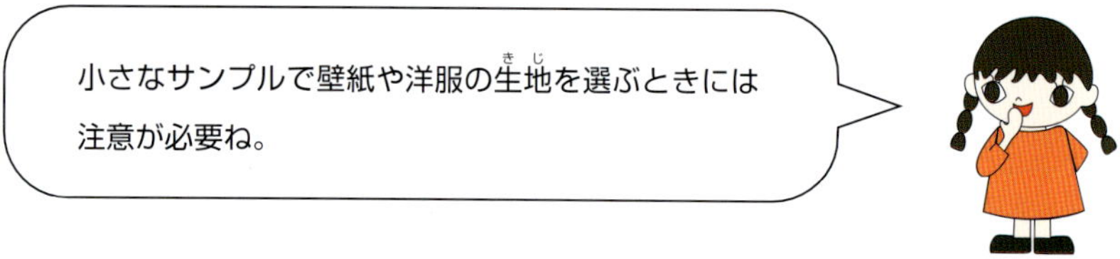
小さなサンプルで壁紙や洋服の生地《きじ》を選ぶときには
注意が必要ね。

■色の視認性

標識や広告看板などを遠くから眺めると、よく見える色とそうでない色があります。このような、色が遠くからよく見えるかどうかという性質を色《いろ》の視認性《しにんせい》と呼んでいます。

例えば、黄と黒の配色は、視認性が高く、遠くからでも認めることができます。そのため、踏切や交通標識、看板などに利用されています。

遠くからでも踏み切りのあることや通学路であることなどに気づかせて注意させる。

雨の日に子どもがさす黄色い傘も、濡れて黒ずんだ道路の上で遠くからでもよく見えるため、事故防止に役立っているのよ。

色の視認性は、対象の色と背景となる色との関係によって決まります。背景色（地色）との明度差が大きいほど、視認性は高くなります。すなわち、遠くからでもよく見えるようになるということです。

視認性を決める最も大きな要因は明度差ですが、それに次いで彩度差と色相差も影響します。

■色の誘目性

多数の色が存在する場合に、その中でも目を引く色とそうでない色があります。**色《いろ》の誘目性《ゆうもくせい》**とは、このような、色が人の目を引きつける性質のことを指し、人の目を引きつける力の強い色（注意を引きつける色）を「誘目性が高い」といいます。

一般に、赤、だいだい、黄などの暖色系で彩度の高い色が、誘目性が高いといわれています。

赤い郵便ポストは誘目性が高いので、いろいろな色があふれている街中でも見つけやすいわ。グレイのような色では、そうはいかないわよね。

誘目性の高い色によって、いち早く存在に気づくことができる。

■進出色・後退色

色によって、見かけの距離が異なって見えることがあります。下の図①を少し離して見てみましょう（少なくとも１mくらいの距離をおいて見るとよくわかりますよ）。同一平面上に同じ大きさの黄と青が置いてありますが、黄のほうは少しとび出して見えるのに対して、青のほうは少し引っ込んで見えますね。

また、図②と図③を見比べると、図②は手前に出っ張って見えるのに対して、図③は後ろに引っ込んで見えます。

このように、同じ位置にありながら手前に近づいて見える色を**進出色**《しんしゅつしょく》といい、遠のいて見える色を**後退色**《こうたいしょく》と呼んでいます。

一般に、暖色系の色や明るい色は進出して見え、寒色系の色や暗い色は後退して見えます。

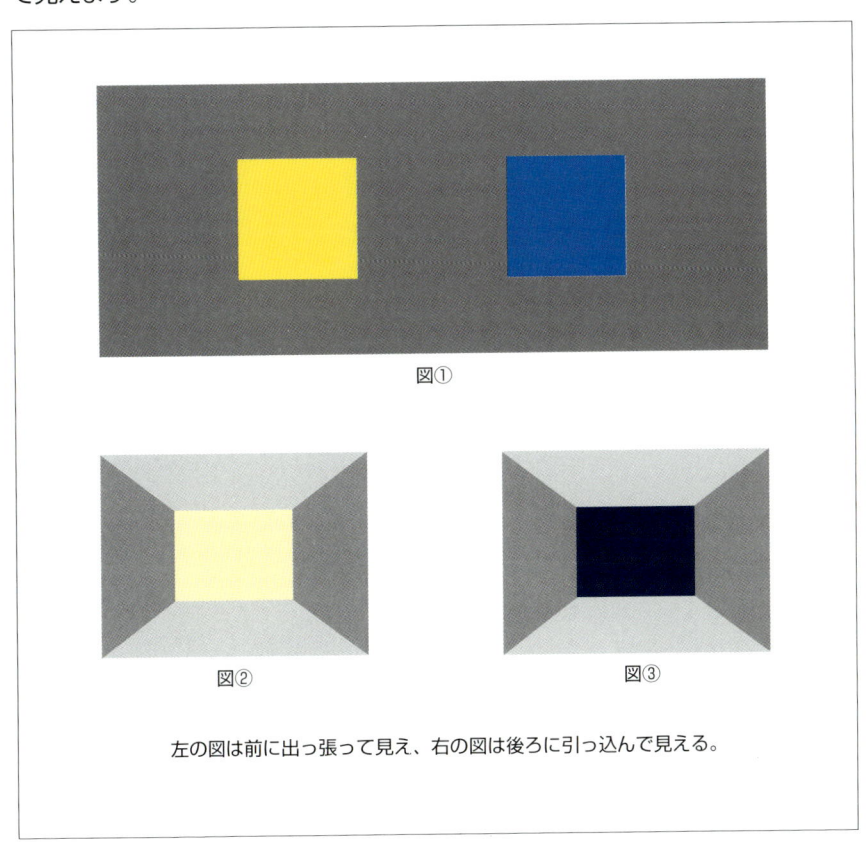

図①

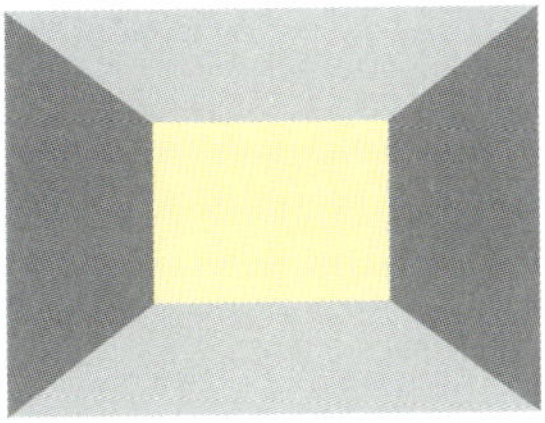

図②

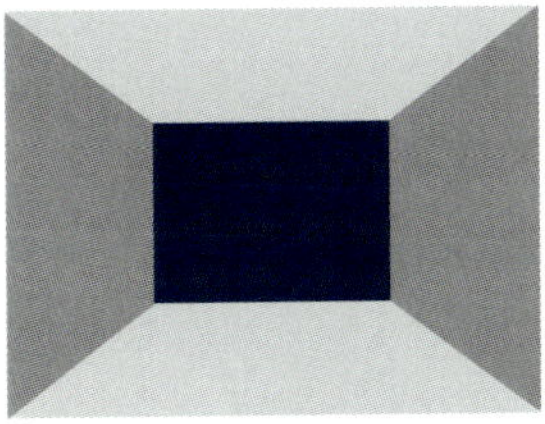

図③

左の図は前に出っ張って見え、右の図は後ろに引っ込んで見える。

後退色を上手に使えば、狭い部屋も多少は広く見せることができるわね。また、このような見え方はメイクアップでも、顔に立体感を出したりするのに利用されているわ。

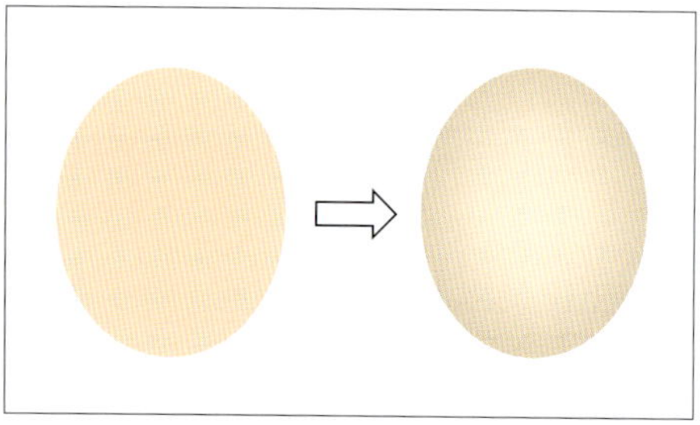

ハイライト（明るい部分）やシャドウ（暗い部分）の効果で立体的に見せる

■膨張色・収縮色

まず、下の図を見てみましょう。白い丸と黒い丸が並んでいますが、どちらの丸が大きく見えますか（この図も少し離して見るとはっきりします）。

白い丸のほうが黒い丸よりも大きく見えますね。しかし、この 2 つの丸は実際は同じ大きさなのです。

このように、実際には同じ大きさ、同じ形であっても、色が異なると大きさが違って見えることがあります。面積が同じでも大きく見える色を膨張色《ぼうちょうしょく》といい、逆に小さく見える色を収縮色《しゅうしゅくしょく》と呼んでいます。

一般に、膨張色は明るい色や暖色系の色で、進出色と一致します。一方、収縮色は暗い色や寒色系の色で、後退色と一致します。確かに、先の図で白は大きく見えると同時に、進出しても見えるでしょう。また、黒も小さく見えると同時に、後退しても見えますね。

紺色の服を着たときのほうが体が引きしまって見えますね。

碁石の白と黒は同じ大きさ？

碁盤の上に置かれた碁石を見ると、白石も黒石も同じ大きさに見えますが、実際には微妙に大きさが異なっています。もし、白と黒の碁石が同じ大きさなら、前ページの図のように白の方が大きく見えてしまいます。

そこで碁盤の上で同じ大きさに見えるように、ほんの少しだけ白石のほうが小さく作られているのです。黒石の標準的な直径は22.2ミリ（7分3厘）で、白石の標準的な直径は21.9ミリ（7分2厘）といわれています。

●これだけは、覚えておこう●

[その他の色の見え方]

●面積の大小によって、明度や彩度に変化を感じることを「色の面積効果」という。

●色が遠くからよく見えるかどうかという性質を「色の視認性」という。背景色との明度差が大きいほど、視認性は高くなる。

●色が人の目を引きつける性質を「色の誘目性」という。概して、暖色系の彩度の高い色は誘目性が高い。

●同じ位置にありながら手前に近づいて見える色を、「進出色」といい、遠のいて見える色を「後退色」という。

●面積が同じでも大きく見える色を「膨張色」といい、小さく見える色を「収縮色」という。

●一般には、「進出色」＝「膨張色」であり、暖色系の色や明るい色がこれにあたる。

●一般には、「後退色」＝「収縮色」であり、寒色系の色や暗い色がこれにあたる。

第7章

配　色

●配色を生かすために

第7章 配色 ●配色を生かすために

色彩調和

配色とは、2つ以上の色を組み合わせて新たな効果を生み出すことをいいます。ただ何げなく色と色を組み合わせただけでは、配色とはいえません。

配色をするときにまず考えなければならないのは、色を施す対象物や環境に求められている用途、目的、機能です。例えば、自動車に求められる機能は、スピード性や安全性や堅牢性《けんろうせい》です。その中のどれに重点を置くかで、選択される色は異なってきます。対象物の目的にかなうことで、初めて配色は生きてくるのです。そのためにまず、色のイメージ（第5章参照）や色の見え方（第6章参照）をしっかり把握しておくことが必要です。

次に大切なことは、**色《いろ》の調和《ちょうわ》**です。色の組み合わせが心地よい配色として私たちに伝わるとき**色《いろ》は調和《ちょうわ》している**といいます。色を調和させるためには、「統一感」と「変化」のバランスをとることが必要です。

統一感が主となり、その中にもある種の変化のある調和を**類似《るいじ》の調和《ちょうわ》**といいます。類似の調和は、共通性や類似性をもった色どうしの組み合わせ（*）で、まとまりがよく、穏やかで落ち着いた感じを与えます。

類似の調和の例

一方、変化の面白さを強調し、その中にもある種の統一感がある調和を**対照《たいしょう》の調和《ちょうわ》**といいます。対照の調和は、対立要素をもった色どうしの組み合わせで、動きがありスポーティーな感じになります。

（*）共通性をもった色どうしの組み合わせを、特に「同系の調和」ともいいます。

色彩調和は、好き嫌いといった個人の主観的な感情に関係なく、客観的にとらえるものです。配色の良しあしを判断する基準として、古代から現代までさまざまな色彩調和論が考えられてきました。

ＰＣＣＳは色彩調和を目的に考えられたシステムで、色相とトーンの２つを手がかりにして配色を考えることができます。色彩調和の基本的な形式は、ＰＣＣＳに置き換えると次のように分類されます。**共通性《きょうつうせい》の調和《ちょうわ》**は前述の「類似の調和」に、**対比《たいひ》の調和《ちょうわ》**は「対照の調和」にあたります。

対照の調和の例

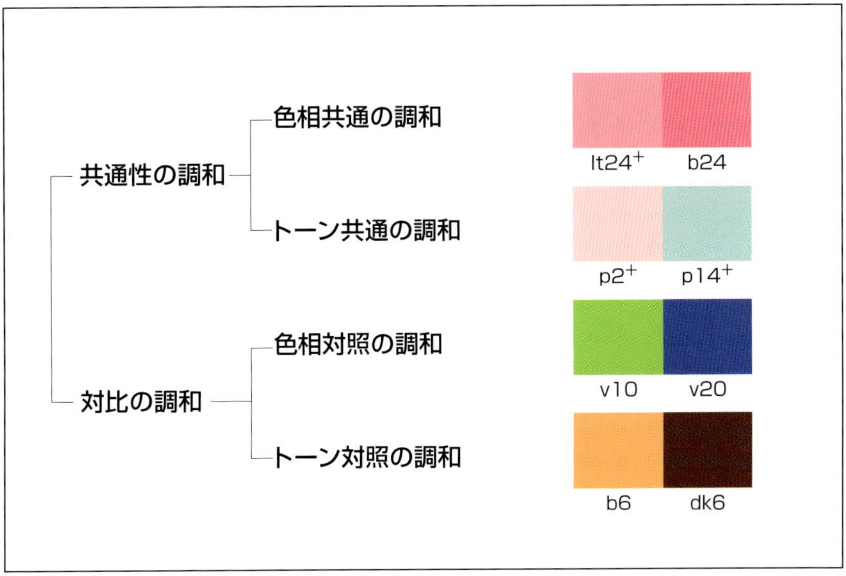

配色を施す対象や環境により、求められている用途、目的、機能はさまざまです。それに応じて色彩調和も変わってきます。本章では、重要な色彩調和の原則と基礎的な配色技法を紹介します。配色の考え方をしっかり身につけてください。

■色相を基準にした配色

ＰＣＣＳの24色相環（図１）をもとに、配色を考えてみましょう。

色相環上である色相からある色相までどれくらい離れているかは、下の図２のように色相差で表すことができます。例えば、２番の「赤」と20番「青紫」の色相環上における色相差は６になります。

また、図３のように色相環を時計に見立て、時計の長針と短針の開いた角度で表すこともできます。色相環は１周が360度で24色相あるので、360÷24＝15となり色相差１の角度は15度になります。この表示方法は**角《かく》度《ど》配《はい》色《しょく》法《ほう》**と呼ばれています。

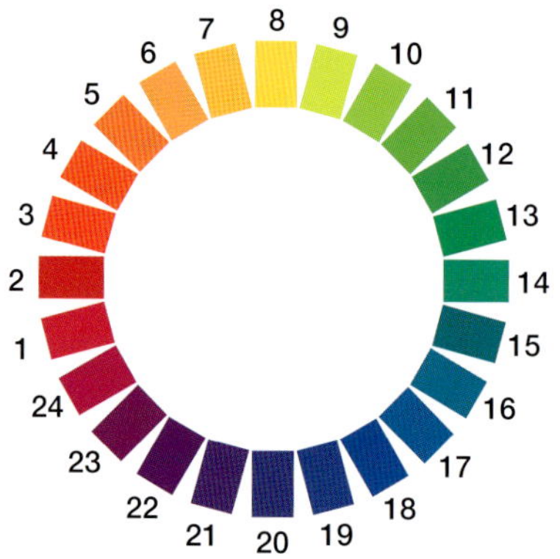

図1　PCCSの色相環

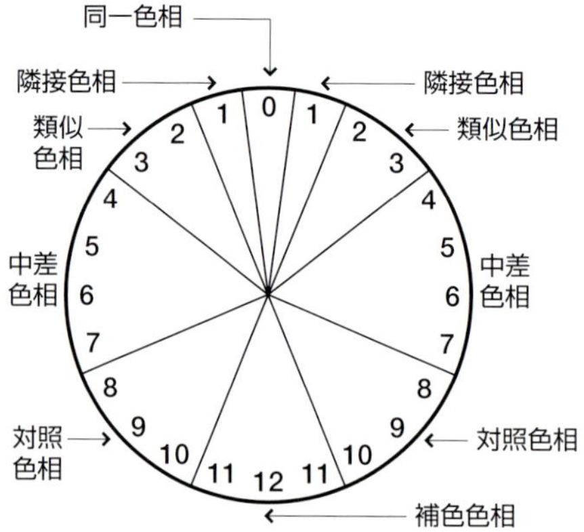

図2　色相差の関係

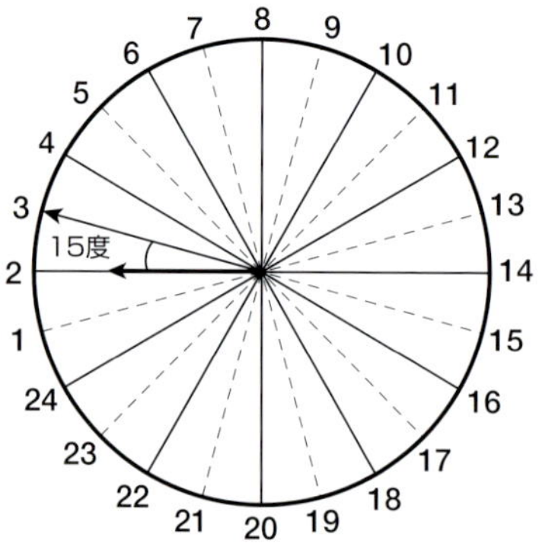

図3　角度差の関係

●色相関係の分類

	色相差	角度差
同一色相《どういつしきそう》	0	0度
隣接色相《りんせつしきそう》	1	15度
類似色相《るいじしきそう》	2，3	30度，45度
中差色相《ちゅうさしきそう》	4，5，6，7	60度，75度，90度，105度
対照色相《たいしょうしきそう》	8，9，10	120度，135度，150度
補色色相《ほしょくしきそう》	11，12	165度，180度

それぞれの色相差と角度差における配色の呼び方をまとめると、上の表のようになります。

ここで、色相番号2番の「赤」を基準にした配色を考えてみましょう。

◆同一色相配色（0度）

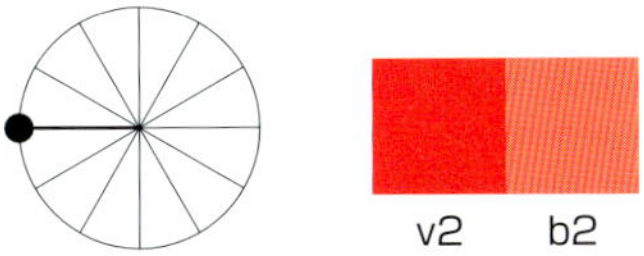

◆隣接色相配色（15度）

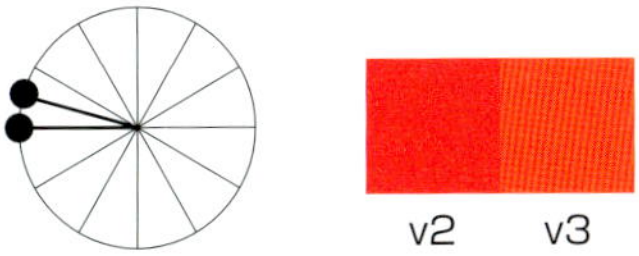

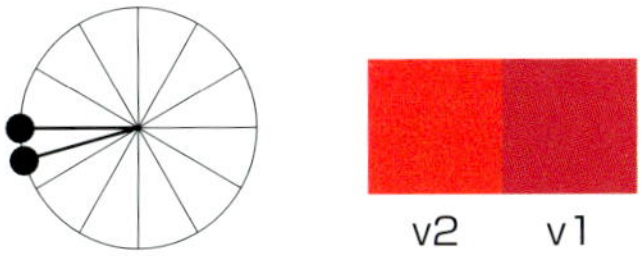

◆類似色相配色（30度、45度）

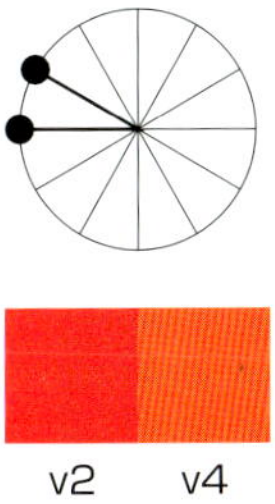

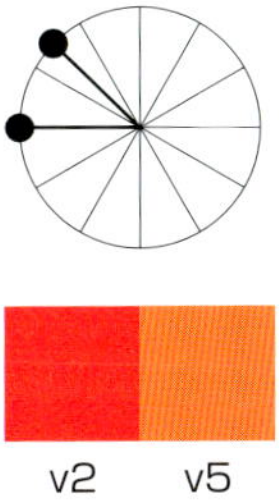

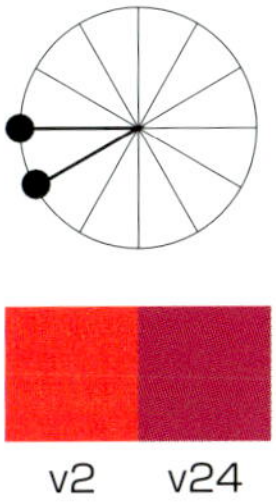

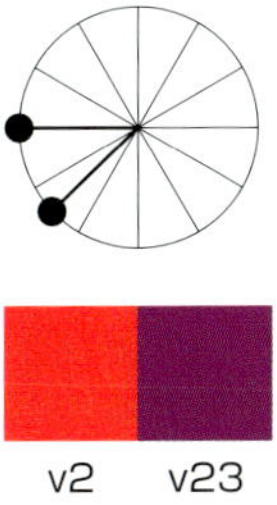

◆中差色相配色（60度、75度、90度、105度）

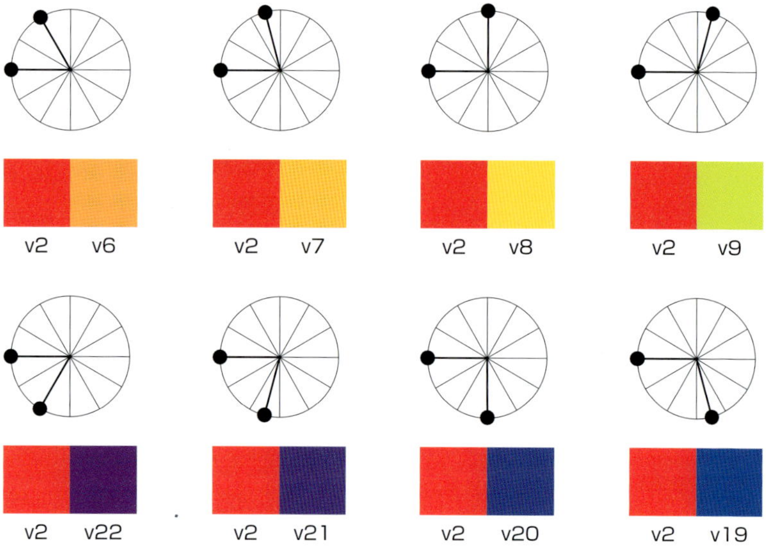

◆対照色相配色（120度、135度、150度）

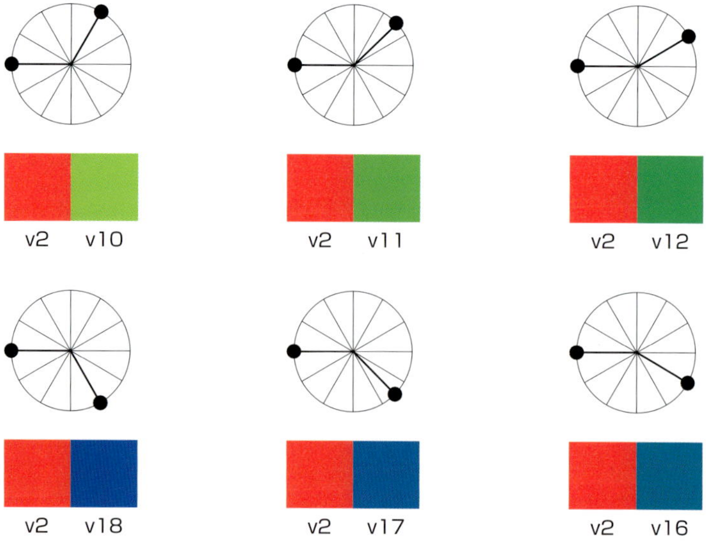

◆補色色相配色（165度、180度）

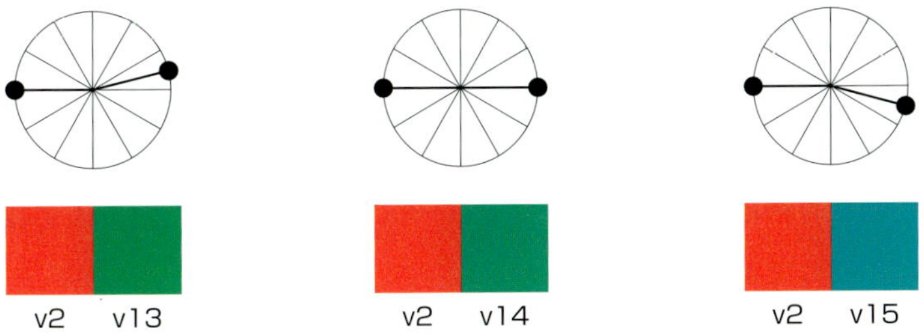

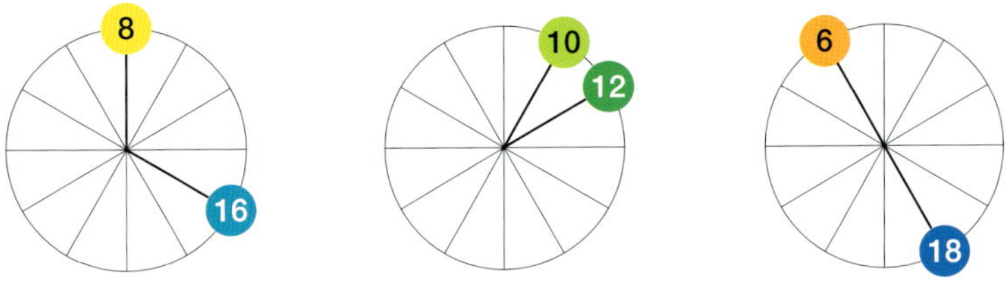

8番「黄」と16番「緑みの青」の配色なので、色相差8、角度差120度の対照色相配色です。

10番「黄緑」と12番「緑」の配色なので、色相差2、角度差30度の類似色相配色です。

6番「黄みのだいだい」と18番「青」の配色なので、色相差12、角度差180度の補色色相配色です。

「同一色相配色」「隣接色相配色」「類似色相配色」は、色相差が小さいので、統一感のある配色になります。これらの配色をするときは、トーンによって変化を与えましょう。

「中差色相配色」は、類似でも対照でもない中途半端な感覚が強いため、調和しずらいといわれることもあります。しかし、トーンの選び方を工夫すると個性的な配色が作れます。

「対照色相配色」「補色色相配色」は、色相差が大きいので変化のある配色になります。これらの配色をするときは、トーンに共通性をもたせて統一感を与えるとよいでしょう。

■トーンを基準にした配色

ＰＣＣＳの特徴は、各色相をトーン別に分類していることです。第２章で説明したように、それぞれのトーンごとにイメージがあるので、配色を計画するときに便利です。

低彩度トーン(ペール、ライトグレイッシュ、グレイッシュ、ダークグレイッシュ)から中彩度トーン(ライト、ソフト、ダル、ダーク)の色を選択すると、そのトーンのイメージが配色全体のイメージとなります。例えば、補色色相配色であってもペールトーンで統一すれば、色相の変化よりもトーンの統一感が主となり、優しくロマンティックな印象になります。一方、高彩度トーン（ビビッド、ブライト、ストロング、ディープ）の配色では、選んだ色相のイメージが配色のイメージの中心となります。

トーンを基準にした配色は、**同一《どういつ》トーン**の配色《はいしょく》・**類似《るいじ》トーン**の配色《はいしょく》・**対照《たいしょう》トーン**の配色《はいしょく》に分けられます。

◆同一トーンの配色

ブライトトーンの「赤」とブライトトーンの「青緑」、ソフトトーンの「黄」とソフトトーンの「青」というように、同じトーンどうしの配色です。

同一トーンの配色は彩度が共通なので、調和しやすい配色となります。色相を多く用いても、トーンが同じなので配色に統一感を与えることができます。

●同一トーンの配色

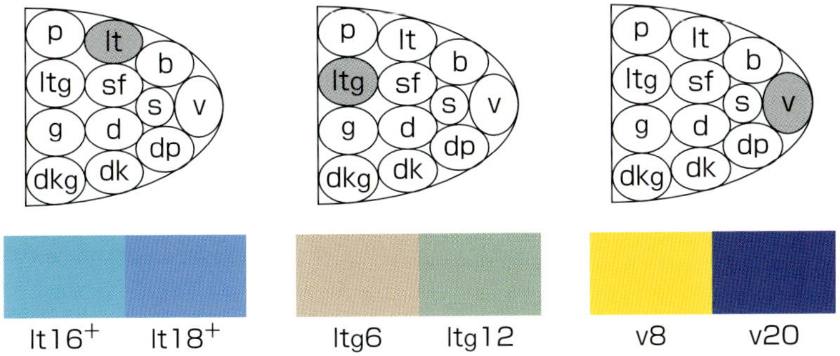

◆類似トーンの配色

右の図で、矢印により結ばれた隣り合うトーンによる配色です。

類似トーンの配色は、同一トーンの配色と同じように、各色の彩度が同一か類似であるため、統一感のある配色になります。

●トーンの類似関係

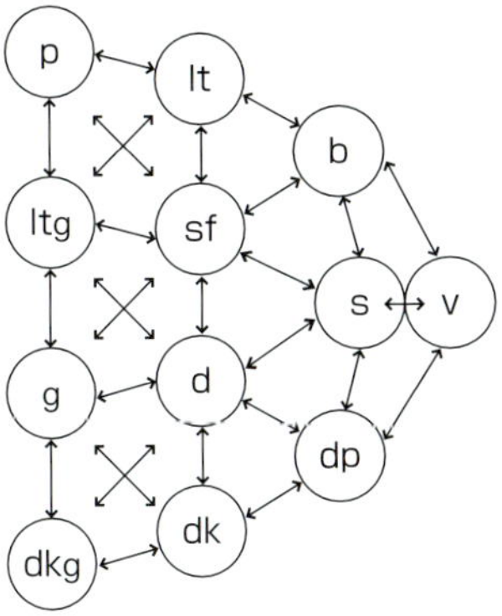

●類似トーンの配色

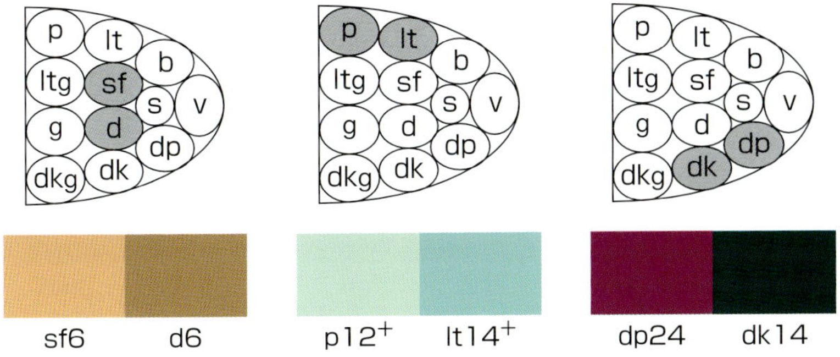

◆対照トーンの配色

上下、左右のそれぞれの方向で対極的な位置にあるトーンの色どうしの配色です。

第 2 章で説明したように、トーンは明度と彩度が複合したものです。したがって、「トーンが対照的な配色」という場合、各色の間には次の 3 つの関係が考えられます。

●トーンの対照関係

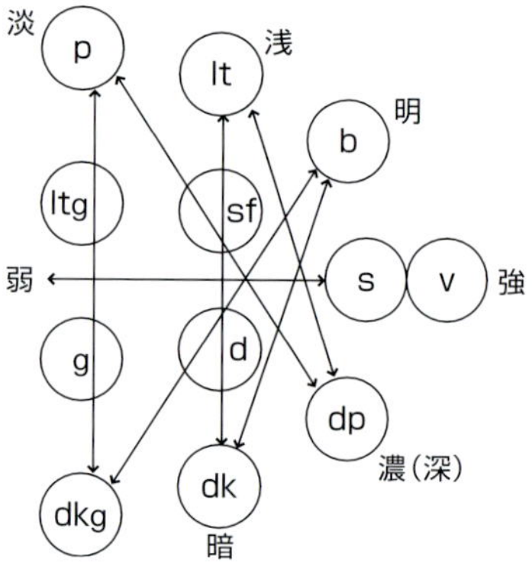

①明度が対照的な関係

（例）p — dkg、lt — dk

②彩度が対照的な関係

（例） v—g

③明度も彩度も対照的な関係

（例）p — dp、b — dkg

また「明るい(bright)」⇔「暗い(dark)」とか「薄い(pale)」⇔「濃い(deep)」といったトーンの修飾語が反対語になるように対照トーンを考えることもできます。

対照トーンの配色は、明快な感じのする変化のある配色となります。

●対照トーンの配色

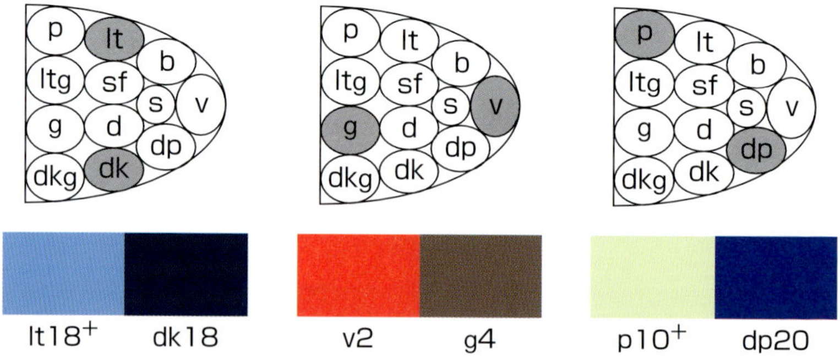

私が着ているワンピースの配色は、
どんなトーンの関係かわかる？

ltトーンとltトーンの組み合わせなので、同一トーンの配色です。

bトーンとdkトーンの組み合わせなので、対照トーンの配色です。

sfトーンとdトーンの組み合わせなので、類似トーンの配色です。

●これだけは、覚えておこう●

[色彩調和]

- ●色彩調和の形式を、ＰＣＣＳに置き換えると「共通性の調和」と「対比の調和」に分かれる。
- ●色相を基準にした配色である「同一色相」「隣接色相」「類似色相」「中差色相」「対照色相」「補色色相」の、色相環上におけるそれぞれの色相差と角度差を把握しよう。
- ●トーンを基準にした配色である「同一トーン」「類似トーン」「対照トーン」の関係を把握しよう。

配色技法

■アクセントカラー

配色が平凡で単調なとき、対照的な色を少量加えることによって、配色全体を引き締めることができます。このとき、加えた色をアクセントカラー（強調色《きょうちょうしょく》）といいます。アクセントカラーは、基調となる色とは対照的な色相・明度・彩度を用います。

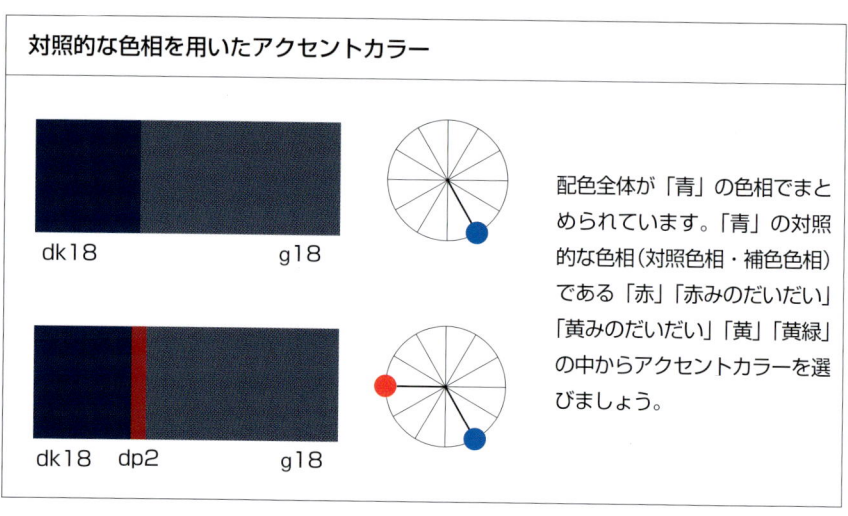

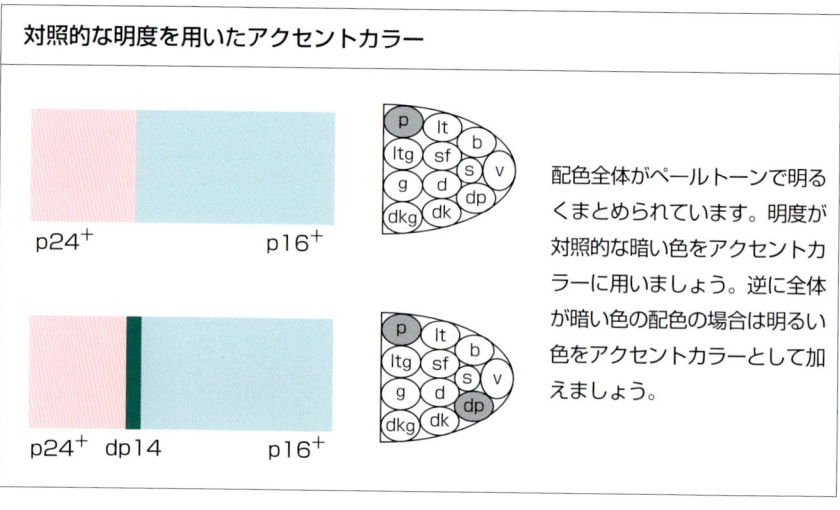

対照的な色相を用いたアクセントカラー

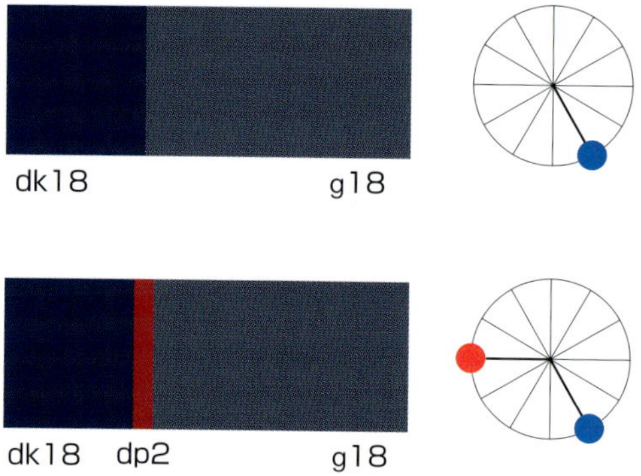

配色全体が「青」の色相でまとめられています。「青」の対照的な色相(対照色相・補色色相)である「赤」「赤みのだいだい」「黄みのだいだい」「黄」「黄緑」の中からアクセントカラーを選びましょう。

対照的な明度を用いたアクセントカラー

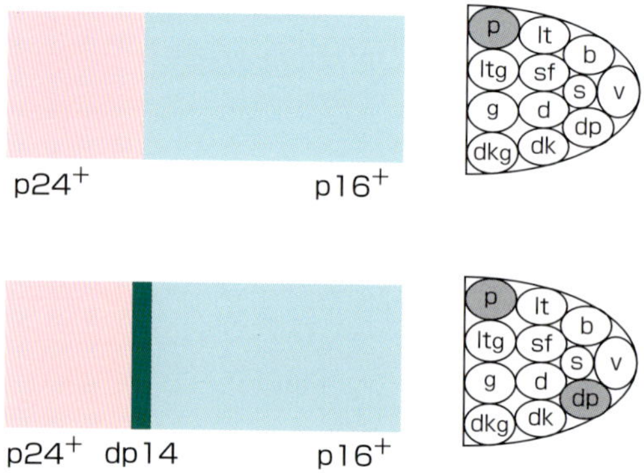

配色全体がペールトーンで明るくまとめられています。明度が対照的な暗い色をアクセントカラーに用いましょう。逆に全体が暗い色の配色の場合は明るい色をアクセントカラーとして加えましょう。

対照的な彩度を用いたアクセントカラー

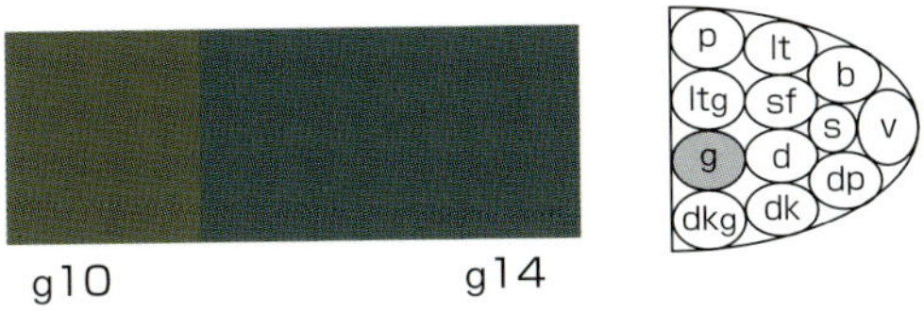

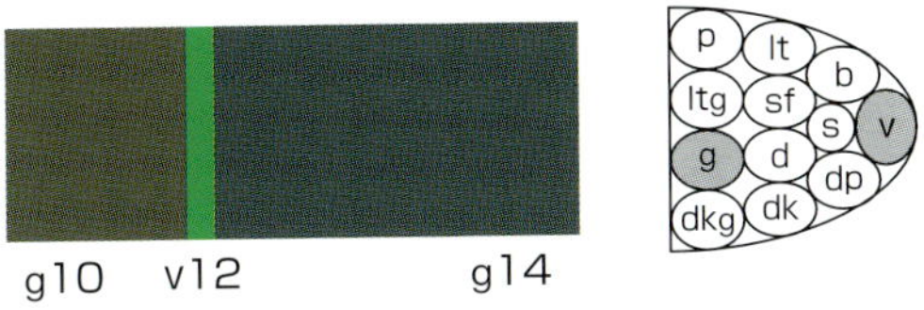

配色全体が低彩度のグレイッシュトーンでまとめられています。彩度が対照的な高彩度（ビビッド、ブライト、ストロング、ディープ）の色をアクセントカラーとして使いましょう。

「アクセント」には、「強調する、目立たせる」などの意味があります。アクセントカラーは、配色に大きな変化を与えたり、強調したり、視点を集中させる効果があります。

配色の中で、最も大きな面積を占める色を**ベースカラー（基調色《きちょうしょく》）**といい、その次に面積の大きい色を**アソートカラー（配合色《はいごうしょく》・従属色《じゅうぞくしょく》）**といいます。これらに対して、アクセントカラー（強調色）は小さい面積を占める色です。配色をするときには、面積にも気を配りましょう。

洋服の配色が単調なときは、アクセサリーやスカーフなどの小物をアクセントカラーとして使ってみてね。少量加えることによって、配色全体が引き締まるわ。

■セパレーション

配色があいまいであったり、対比が強すぎたりした場合、接し合う色と色の間を区切ると調和をはかることができます。この配色技法を**セパレーション**といいます（「セパレーション」は「分離」という意味）。

このとき境界を区切る色のことをセパレーションカラー（分《ぶん》離《り》色《しょく》）と呼んでいます。セパレーションカラーには、分離される色と明度差の大きい無彩色か無彩色に近い色を用います。

あいまいな配色を改善するセパレーション

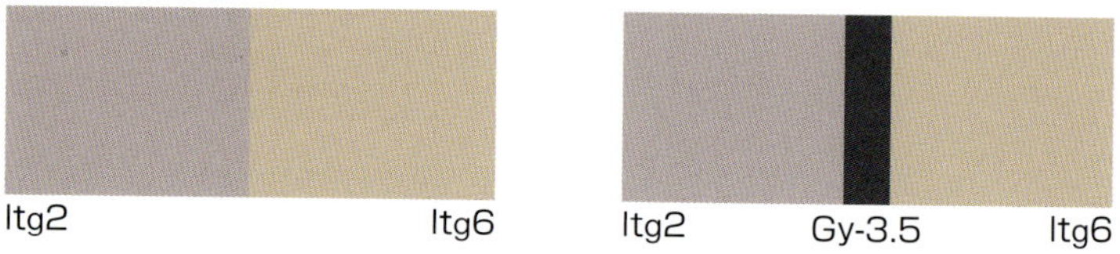

ライトグレイッシュの同一トーンで、色相も近い配色です。全体が明るく、明度差がほとんどないため、ぼんやりとしてあいまいな印象を与えます。２色と明度差のある暗いグレイで区切ると、明快さが出て、いきいきとした配色に改善されます。

対比が強い配色を改善するセパレーション

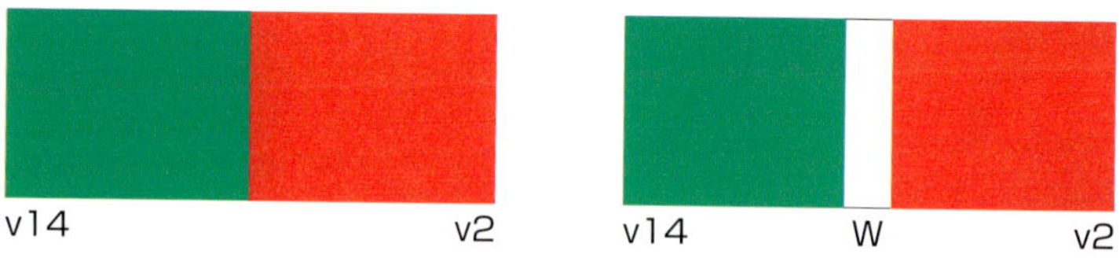

高彩度で補色色相の組み合わせなので、色どうしがぶつかり合い、刺激が強すぎる配色です。２色の間に白をはさむことで強い関係が弱まり、調和をはかることができます。

セパレーションは、建築・美術・デザイン・ファッションなどのさまざまな分野で利用されています。

教会の窓やランプのかさなどに見られるステンドグラスは、色ガラスと色ガラスの間を区切る鉛がセパレーションカラーの役目を果たしています。そのほか、タイルの配色などにもセパレーションは使われています。

ステンドグラスの一部

タイル壁の一部

似合わない色や、顔色が悪く見える色の服を着るときは、白や黒のブラウスを着てみてね。肌色と服の色が分離されて、調和するようになるの。スカーフを巻いてみてもいいわ。男性は、カラーシャツより白いシャツのほうがすっきりとした印象でスーツを着こなすことができるのよ。

■グラデーション

グラデーションは「徐々に変化すること、段階的変化、色彩のぼかし」という意味の言葉で、色が段階的に変化していく配色のことをいいます。グラデーションを用いると、心地よいリズム感が得られます。色数が多いほど効果的です。

色相・明度・彩度・トーンのそれぞれについて、グラデーションが考えられます。また、色相とトーンがともに変化するような複合的なグラデーションも作ることができます。

色相のグラデーション

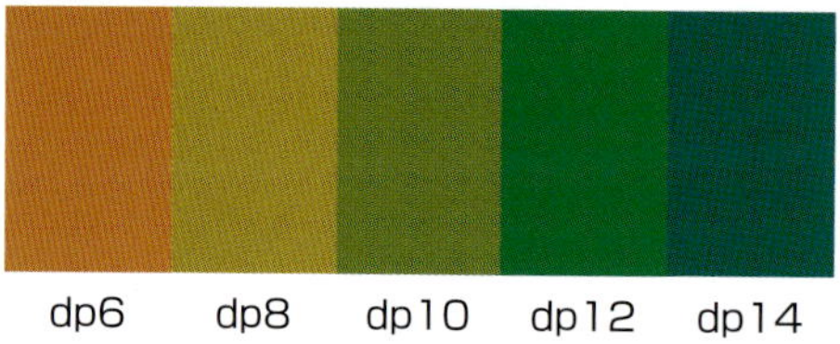

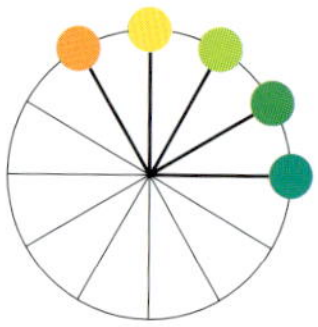

同一トーンによる色相のグラデーションです。隣り合う色の色相差は1～3がよいでしょう。色相が離れすぎるとリズム感が得られません。また、高彩度トーンほど効果は得られやすくなります。虹や色相環の配列は色相のグラデーションです。

明度のグラデーション

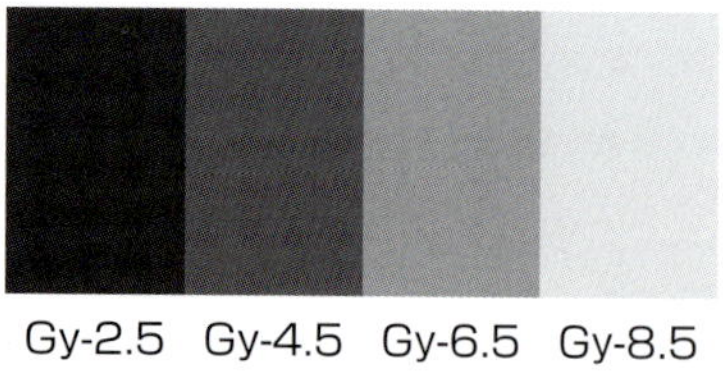

無彩色による例と有彩色による例が考えられます。有彩色で明度のグラデーションを作るには、等色相面の低彩度トーンまたは中彩度トーンから明度順に色を選びましょう。

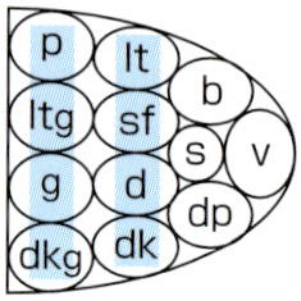

彩度のグラデーション

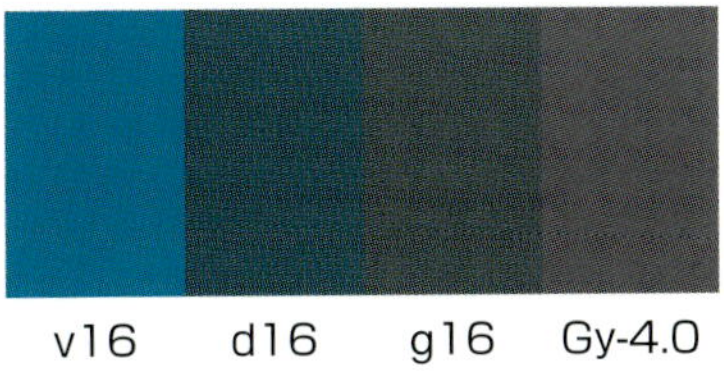

純色から徐々に色みを弱くしていって、無彩色のグレイまで段階をつけた彩度のグラデーションです。等色相面の高彩度、中彩度、低彩度の段階的変化によって表現できます。

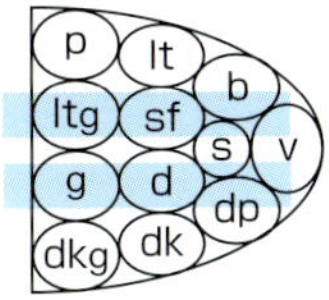

トーンのグラデーション

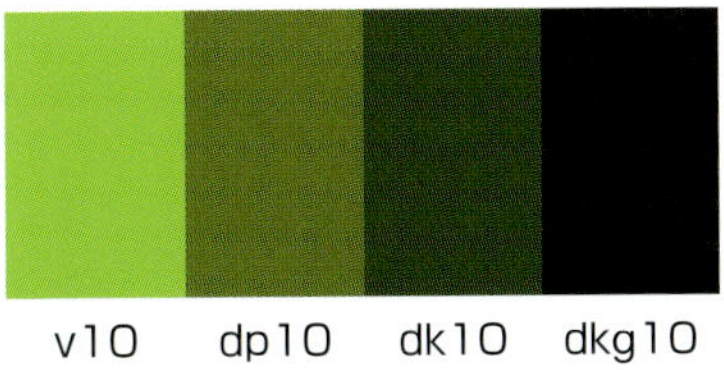

純色と暗清色を使った、明度と彩度が変化するトーンのグラデーションです。明度と彩度が変化するトーンのグラデーションは、純色と明清色を使っても表現できます。

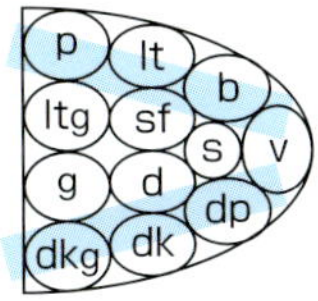

色相とトーンが変化するグラデーション

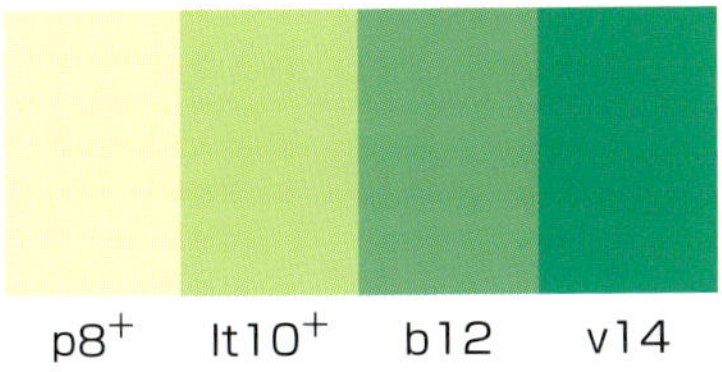

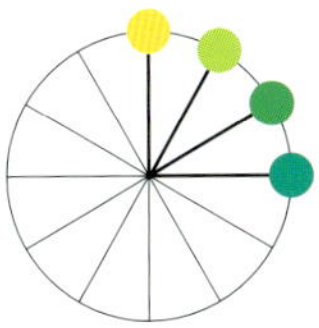

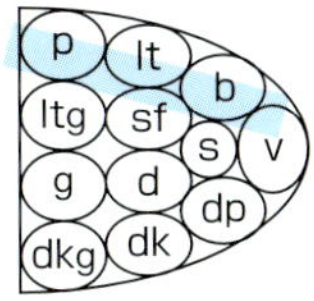

十《じゅう》二《に》単《ひとえ》の配色美

平安時代に着物を何枚も重ねて、袖口や襟元の配色美を演出したのが「襲《かさね》の色目」です。春夏秋冬の草花や自然にちなんだ配色で構成し、その季節の内だけに限って着用しました。この襲の色目の中にもグラデーション配色が使われています。一般に「十二単」と呼ばれている服装の袖口や襟元に見られる配色が襲の色目です。

山吹《やまぶき》の匂《におい》

単《ひとえ》 ←―― 五ツ衣《いつつぎぬ》 ――→ 表着《うわぎ》

●これだけは、覚えておこう●

[配色技法]

●単調な配色に、対照的な色を少量加えることによって、配色全体を引き締めることができる。このとき、加えた色を「アクセントカラー」という。

●配色があいまいであったり、対比が強すぎる場合、接しあう色と色の間を区切り、調和をはかる技法を「セパレーション」という。

●「グラデーション」は、色が段階的に変化していく配色で、心地よいリズム感が得られる。

ナチュラルハーモニーとコンプレックスハーモニー

太陽の光のもとで、自然の色の見え方を観察してみましょう。木々の緑は、太陽の光が当たった明るい部分では黄みがかった緑に見え、日陰になった暗い部分では青みがかった緑に見えます。また、赤い花は、光の当たった明るい部分は黄みがかった赤に見え、陰になった暗い部分は紫みがかった赤に見えます。このように、自然界の色は、明るい色は黄み寄りに見え、暗い色は青紫寄りに見えるものです。

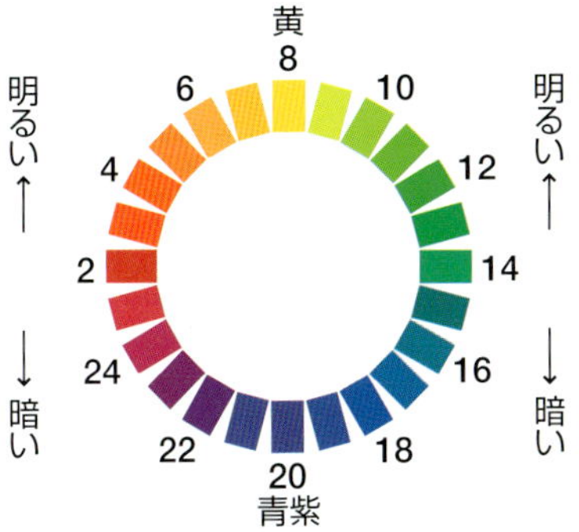

色相環上の純色は、明度が最も高い「黄」を頂点にして、しだいに明度が低くなり、「黄」の相対する位置にある「青紫」で最も明度が低くなります。このような色相と明度の関係を**色相《しきそう》の自然《しぜん》連鎖《れんさ》**・**色相《しきそう》の自然《しぜん》序列《じょれつ》**・**色相《しきそう》の自然《しぜん》な明度比《めいどひ》**などと呼んでいます。そして、この原理にそった配色を**ナチュラルハーモニー（自然《しぜん》な調和《ちょうわ》）**といいます。これは、色相環上で「黄」に近い色相の色を明るく、「青紫」に近い色相の色を暗くする隣接色相や類似色相の配色です。ナチュラルハーモニーは私たちにとって見慣れた配色なので、自然で最もなじんでいる色彩調和だと感じます。

これに対して「色相の自然連鎖」に逆らった配色、つまりナチュラルハーモニーと明度の関係を逆にした配色を**コンプレックスハーモニー（複合的《ふくごうてき》な調和《ちょうわ》、不《ふ》調和《ちょうわ》の調和《ちょうわ》）**といいます。つまり、色相環上で「黄」に近い色相の色を暗くし、「青紫」に近い色相の色を明るくする隣接色相や類似色相の配色です。コンプレックスハーモニーは見慣れないので、不自然で目新しい配色になります。

まず「黄緑」と「緑」の類似色相配色の場合（例１）を考えてみましょう。「黄緑」のほうが「緑」よりも「黄」に近い色相です。したがって、黄に近い色相の「黄緑」のほうが「緑」よりも明るい配色は、ナチュラルハーモニーになります。これは、見慣れた自然な配色になります。逆に、黄に近い色相の「黄緑」のほうが「緑」よりも暗い配色は、コンプレックスハーモニーになります。こちらは、見慣れない不自然な配色になります。

「紫」と「赤紫」の類似色相配色の場合（例２）も同じように考えられます。「赤紫」のほうが「黄」に近く、「紫」のほうが「青紫」に近い色相なので、「赤紫」を明るくして「紫」を暗くすればナチュラルハーモニーになります。逆に、「赤紫」を暗くして「紫」を明るくすればコンプレックスハーモニーになります。

例１

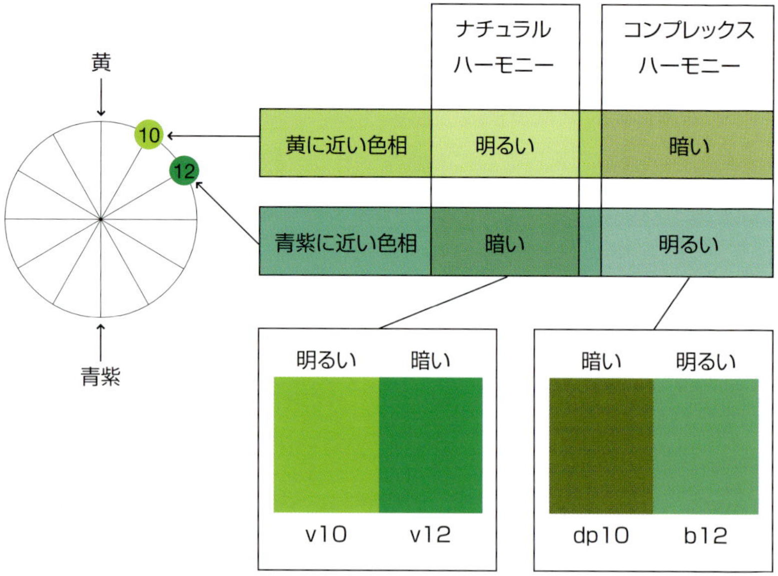

例2

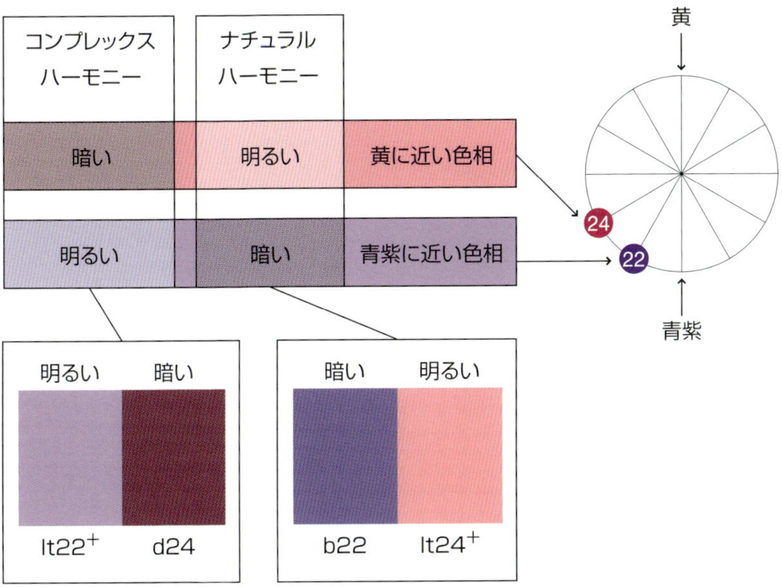

下のA，Bは同じ色相を使った類似色相配色なの。
どちらがナチュラルハーモニーかわかる？

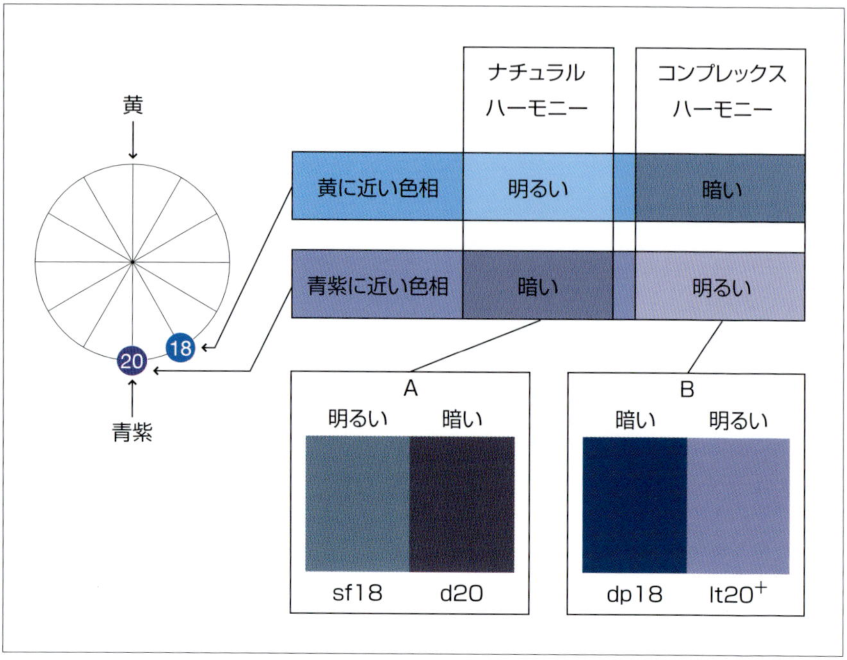

AとBは、ともに「青」と「青紫」の類似色相配色です。「青」のほうが「青紫」よりも「黄」に近い色相ですから、「青」が「青紫」よりも明るいAの配色はナチュラルハーモニー、「青」が「青紫」よりも暗いBの配色はコンプレックスハーモニーになります。

「黄」に近い暖色系の色を暗くして、「青紫」に近い寒色系の色を明るくした、色相が離れた配色までをコンプレックスハーモニーに拡大解釈される場合がまれにあります。「黄」に近い暖色系の「黄みのだいだい」を暗くし、「青紫」に近い寒色系の「青」を明るくした配色がそれにあたります。

ナチュラルハーモニーやコンプレックスハーモニーを連続させると、色相のグラデーションになります。

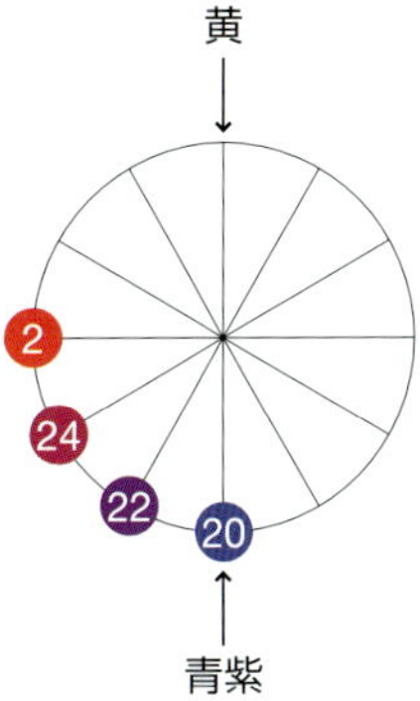

色相のグラデーション（ナチュラルハーモニー）

色相のグラデーション（コンプレックスハーモニー）

●これだけは、覚えておこう●

[ナチュラルハーモニーとコンプレックスハーモニー]

●色相環上で「黄」に近い色相の色を明るく、「青紫」に近い色相の色を暗くした隣接色相や類似色相の配色を「ナチュラルハーモニー」という。

●明度の関係を、ナチュラルハーモニーとは反対に、「黄」に近い色相の色を暗く、「青紫」に近い色相の色を明るくする配色を「コンプレックスハーモニー」という。

生活の中で見つけた効果的な配色を見てみましょう。

対照色相配色
（彩度の高い「黄」と「青」の際立ちのよい配色で、カジュアルな雰囲気を演出しています）

アクセントカラー
（窓枠に彩度の高い赤を用いて、単調な壁面にアクセントをつけています）

セパレーション
（調和しにくい高彩度の多色配色を黒で区切ることによって、うまくまとめています）

第8章

環境と色彩

●色彩で環境を快適にするために

第8章	環境と色彩　●色彩で環境を快適にするために

色彩の働き

物には必ず色がついています。ですから、私たちは色に囲まれて生活しているといえます。色は空気のように意識されることはありませんが、私たちは色によって、瞬間的にさまざまなものを識別しています。

例えば、水道の栓には、温水と冷水を区別するために、暖色と寒色が使われています。子どもからお年寄りまで、誰でも暖色が温水を示し寒色が冷水を示すことを瞬間的に理解します。

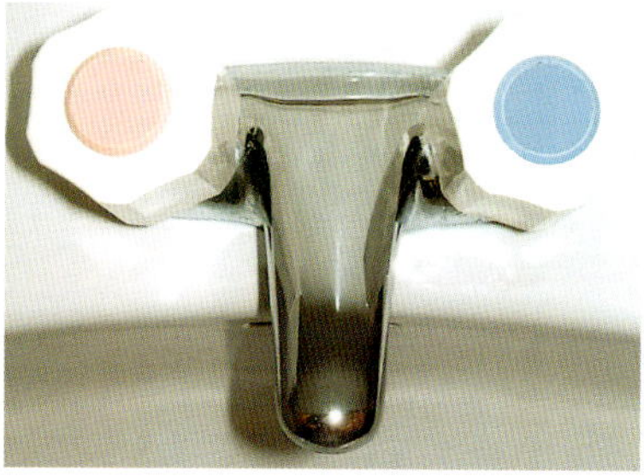

しかし、もしも色でなく文字で区別するようになっているとしたらどうなるでしょう。すぐには識別できなかったり、小さな子どもには文字が理解できなかったり、視力が弱い人には見えづらかったりと、不都合なことがたくさん考えられます。

色のついている方が間違いがおきなくていいわ。

私たちは、生活の中で気付かずに色彩の恩恵に浴しているのです。こうした色彩の効果には、大きく分けて「機能的効果」と「情緒的効果」があります。次ページに簡単な例を示しますので、皆さんも意識をもった目で周囲の色彩を眺めて見てください。

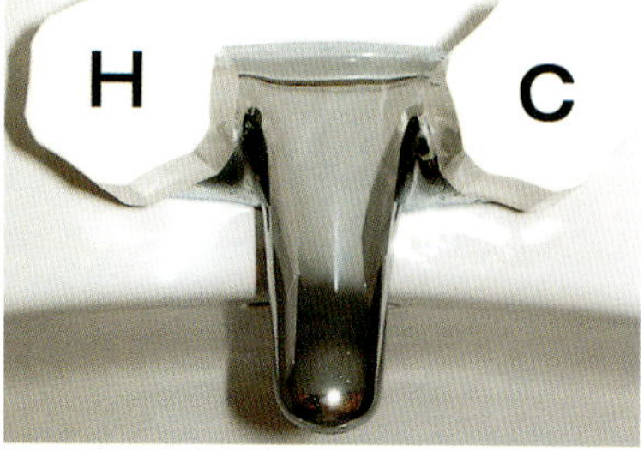
H
C

●機能的効果

情報伝達の役割	交通信号、交通標識、案内板、安全色彩など
状況、状態を表現する	食品（果物・野菜・魚肉）の色の変化など
区別する	ＪＲ・地下鉄の電車の色と路線案内など
目立たせる／目立たせない	広告物、動物の保護色，戦闘服など

●情緒的効果

美しく見せる	化粧品，ファッションなど
心理的な影響を与える	パーティー会場の赤い絨毯など
イメージを表現する	ＣＩカラー，商品パッケージなど

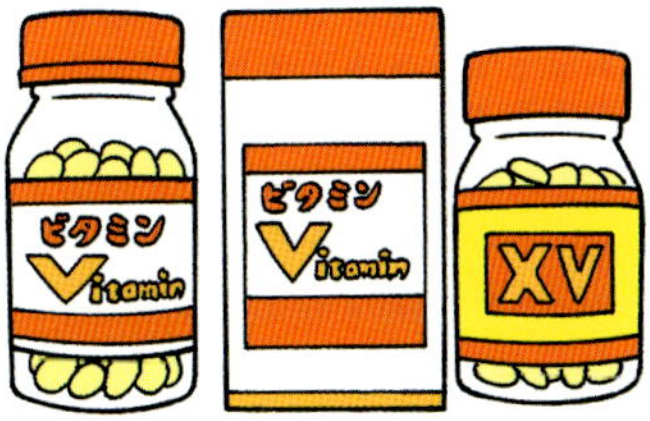

オレンジ色は、健康的なイメージがあるので、ビタミン剤のパッケージや錠剤の色として多く使われているの。

●これだけは、覚えておこう●

[色彩の働き]

●色彩には「機能的効果」と「情緒的効果」がある。それぞれの色彩の働きの例を把握しよう。

環境における色彩計画

■色彩計画の考え方

前述のように、色彩には機能的効果や情緒的効果があります。こうした色彩のさまざまな効果を生かして、快適で安全な職場をつくり、生産性を向上させようと試みられたのが**色彩調節**《しきさいちょうせつ》（カラーコンディショニング）です。

工場などの産業施設から始まった色彩調節の考え方は、住宅・学校・病院・商店など生活環境全般の計画に取り入れられるようになりました。これが、現在の色彩計画の始まりです。環境における色彩計画とは、私たちの生活を取り巻く環境に対して、快適性や安全性を高めるために、色彩の効果を意図的に活用することです。

環境とひと言でいってもさまざまな対象があり、それぞれの対象に応じて色彩計画の考え方は異なります。

住宅内部であるインテリア（室内装飾、室内調度品など）の色彩は、住む人の好みを反映させて個性的な色彩を使うのも自由です。しかし、住宅の外部であるエクステリア（建物の壁面や屋根・塀・門扉・植木など）は、周辺環境との調和を考えるべきです。公共施設や交通機関など、公共性が高くなる環境の色彩は、多くの人に快い感情で受け入れられ、しかも混乱せずに危険を避けられる配慮が求められます。

■環境おける色彩の果たす役割

◆情報を伝達する

交通信号で赤が「止まれ」、黄が「注意」、青が「進め」という意味をもつように、色には情報伝達の役割があります。色彩は、誰にでも、瞬間的に、簡単に、正確に、小さな面積でも認識することができるので、情報伝達に用いられています。形や文字だけではこうはいきません。

ＪＩＳ（日本工業規格）では、災害防止や救急体制の施設表示のために**安全色**《あんぜんしき》**彩**《さい》を定めています。例えば、消火器のように防火に関するものや、禁止・停止・

非常口
EXIT

高度の危険の表示には、赤が使われています。これは、赤から火や危険をイメージしやすいからです。緑は非常口などに使用し、人々を安全な場所へ誘導します。道路のセンターラインや横断歩道は、白や黄の線を引くことによってエリアを明示し、通行の安全を確保しています。

色が情報伝達の役割を果たすためには、それぞれの色にどういう意味づけがなされているのかを学習する必要があります。私たちは、幼いときから色の意味を教育されているので、理解することができるのです。

◆状況、状態を表現する

果物・野菜・肉・魚などの生鮮食料品の鮮度は、見かけの色によって判断できます。パンや肉、魚の焼き具合も色で判断しますね。私たちは、状態を知る手がかりとして色彩を活用しています。手のひらが赤いのは肝臓が悪いとか、皮膚の色が黄色くなると黄疸《おうだん》を疑ったりと、人間の健康状態も、顔色や肌色、爪の色など体のさまざまな部分の色で推しはかります。

状況も色彩で判断します。紅白の垂れ幕があれば、入学式などの慶事が行われ、白黒の垂れ幕ならば、弔事を表していることがわかりますね。

食べ頃なのかわからないわ。
よく熟しておいしそう。

◆区別する

いくつかの異なる情報を色の差によって区別して、構成や機能をわかりやすくすることができます。

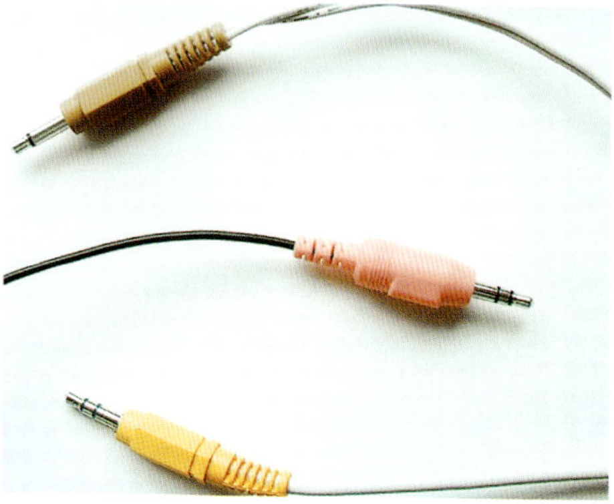

例えば、トイレの男女の区別、水道の栓の温水と冷水の区別、家族の歯ブラシの区別、オーディオやパソコンの接続用ケーブルの区別は、色の違いを利用しています。ＪＲや地下鉄では、電車の色と路線図を色分けしています。ＪＲではホームの番線まで色分けが統一して行われています。色で区別すると、わかりやすく、間違いを防ぐことができます。

工場など配管がたくさんあるところでは、中を通る物質ごとに配管の色を決めています。これはＪＩＳの「配管識別」の規格として、ガスは黄、水は青というように定められています。

水族館で、ペンギンにえさをあげるところに出会ったことがあるの。見た目には差のないペンギンを識別するために、ペンギンのヒレ状になった翼に１羽ずつ異なった色のゴムが付けられていたわ。飼育係の方は、これを目印に、平等にえさをあげることができるのね。

◆目立たせる

交通標識や安全標識、案内板などは目立つことが必要なので、誘目性の高い色や、視認性の高い配色が使われています（第6章参照）。広告物や看板など目立たせたいものは、周囲とは異なる対照的な色彩を使うことによって、際立たせることができます。

東京タワーのような誰もがわかる建造物は、ランドマーク（代表的な目印）としての重要な役割を果たしています。ランドマークに色を付けることにより、いっそう印象深いものにすることや、目印となるものが必要な場所には、色彩を利用して新たなランドマークを作ることもできます。

◆秩序を与える

皆さんの部屋の中を見回してみてください。家具、カーテン、さまざまな小物など、大きさや形、素材の異なるものがあふれていますね。インテリアをすっきりときれいに見せるためには、色彩の使い方が大切です。色相やトーンに共通要素を持たせることにより、統一感を与えることができます。

さまざまな色彩がたくさんあるために、にぎやかで無秩序な印象を与えるときは、色彩をグループ分けすると、まとまりが出て空間が見やすくなります。色相ごとにまとめて色相のグラデーションで商品が陳列してあると、見た目が美しく、見やすいので、欲しい色のものをすぐに見つけられますね。

乱雑でまとまりがないので、暖色・寒色でグループ分けをしてみよう。

◆心理的な影響を与える

同じ温度でも、暖色に囲まれているときと寒色に囲まれているときでは、体感温度（人が体に感じる暑さ・寒さの度合い）が異なります。実際の温度よりも、暖色は暖かく感じ、寒色は寒く感じます。カーテンやベッドカバーなど、インテリアのファブリック（布類）に、寒い季節には暖色を取り入れ、暑い季節には寒色を取り入れてみてください。

暖色は興奮色でもあるので、見る人の心を浮き立たせます。家族団らんの場である居間に暖色を用いると、楽しい雰囲気が作れます。一方、寒色は沈静色なので、見る人の心が落ち着きます。書斎や子供の勉強部屋に用いると、作業に集中することができるでしょう。ただし、下手な使い方をすると、暖色系の色は気持ちを苛立たせますし、寒色系の色は気分を滅入らせてしまいます。

明るい色は軽く見え、暗い色は重く見えます。色の軽重感はバランス設定に関係します。軽く見える明るい色が上にあり、重く見える暗い色が下にあると、重心が下にあるように感じられるため、安定感が出ます。インテリアでは、床・壁・天井と下から上に向かって、だんだん明度を高くすると安定します。これに逆らって天井を暗くすると、上から圧迫されているような重苦しさを感じます。安定感を無視しては、よい環境は作れないので注意しましょう。明るい色は気分を軽くしてくれますし、暗い色は心を重くします。住宅の室内に暗い色を多く用

いると、家族の気分が滅入ってしまいます。

彩度の高い色は刺激が強く、見続けていると疲れるので、長時間を過ごすオフィスや住宅のインテリアの配色で、壁など面積の多い部分に用いるのには向きません。アクセントカラーとして、小面積に用いると変化を与えることができます。

◆イメージを表現する

企業が統一したイメージをアピールするために使うのが「ＣＩ（コーポレート・アイデンティティー)」です。なかでもシンボルマークに使う色彩、つまりコーポレートカラー（企業色）は、重要視されています。企業や商品を特定の色に結び付けて、多くの人々に印象づけるのがコーポレートカラーです。例えば、写真フィルムを買うときには、コダックの製品なら黄、富士フィルムの製品なら緑というように、コーポレートカラーが定着しています。

色彩のイメージ表現は、選挙にも取り入れられています。1967年の東京都知事選では、ライトブルーを掲げた美濃部亮吉候補が当選しました。ライトブルーの清潔で理知的なイメージが、美濃部さん個人のイメージと結び付けられたのでしょう。また、2000年の大阪府知事選では、太田房江さんがオレンジ色で選挙戦を制しました。「大阪のおばちゃん」という親しみやすいイメージを、オレンジ色の服で印象づけたのです。

照明による演出

照明は、部屋の雰囲気を左右する大切な要素です。室内照明には、蛍光灯と白熱電球があります。

蛍光灯は、さまざまな方向から光を放つため、すべてのものを明るく照らします。そして、白熱電球より経済的なので、蛍光灯はオフィスや住宅に多く使われています。しかし、青っぽい光を多く含む蛍光灯のもとでは、肌色は青白く見えますし、料理はおいしそうに見えません。

一方、白熱電球は温かみのある光で、人の気持ちを高揚させ、料理をおいしそうに見せます。また、一定の方向からしか光が当たらない白熱電球のもとでは、陰影によって部屋や物に立体感や奥行きが出ます。

蛍光灯を住宅に使うのは、日本人だけだといわれています。白熱電球を住宅の照明に取り入れて、暖かな雰囲気を演出しましょう。最近では、蛍光灯にも白熱電球に似た色みのものがあるので、利用してもよいでしょう。

●これだけは、覚えておこう●

[環境における色彩計画]

●環境における色彩計画とは、私たちの生活を取り巻く環境に対して、快適性や安全性を高めるために、色彩の効果を意図的に活用することである。

●環境における色彩の果たす、さまざまな役割を理解しよう。

第9章

ファッション

●知っておきたいファッションの基礎知識

第9章 ファッション ●知っておきたいファッションの基礎知識

繊維の基礎知識

衣服のもとになる布地は糸で作られ、糸は繊維から作られています。繊維は、自然界が生み出した「天然繊維《てんねんせんい》」と人工的に作られた「化学繊維《かがくせんい》（人造繊維）」に大別されます。

天然繊維は、下に示したように、植物から得られる「植物繊維《しょくぶつせんい》」と動物から得られる「動物繊維《どうぶつせんい》」とに分けられます。

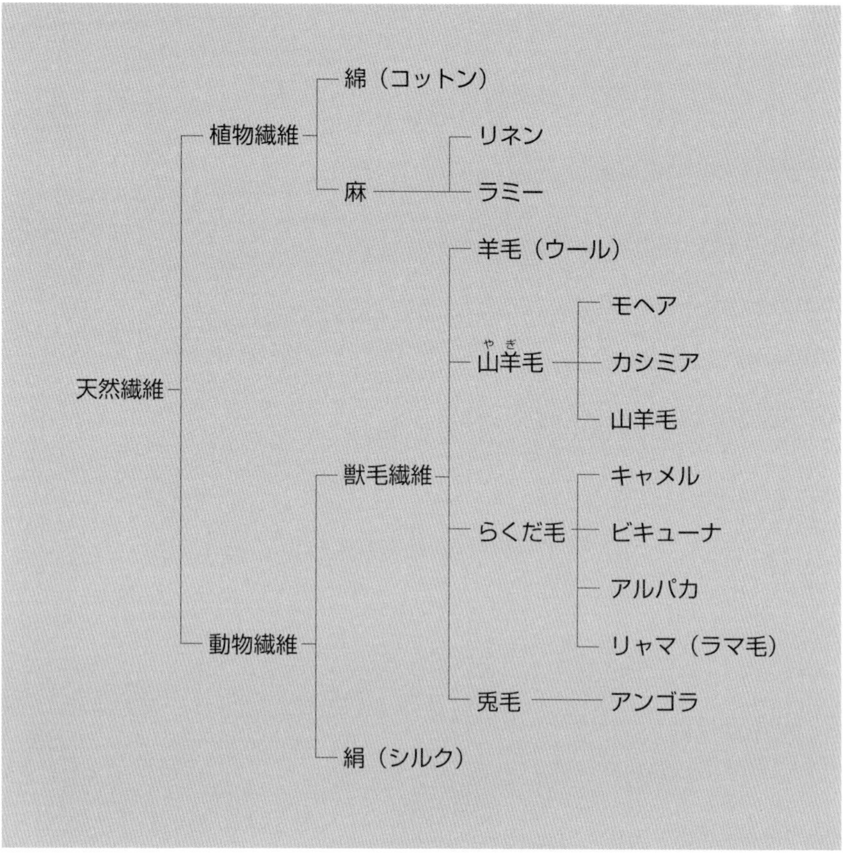

天然繊維の分類

化学繊維は、天然繊維に比べて軽く、耐久性があり、生産量を管理できるという特徴があります。

化学繊維は以下のように分けられます。

◆再生繊維《さいせいせんい》

天然植物繊維または動物性たんぱく質を一度薬品で溶解し、繊維として再生させたもの。

◆合成繊維《こうせいせんい》

石油などを原料にして合成したもの。

◆半合成繊維《はんごうせいせんい》

合成繊維と再生繊維の中間にあたるもので、天然繊維の原料を使って合成する。

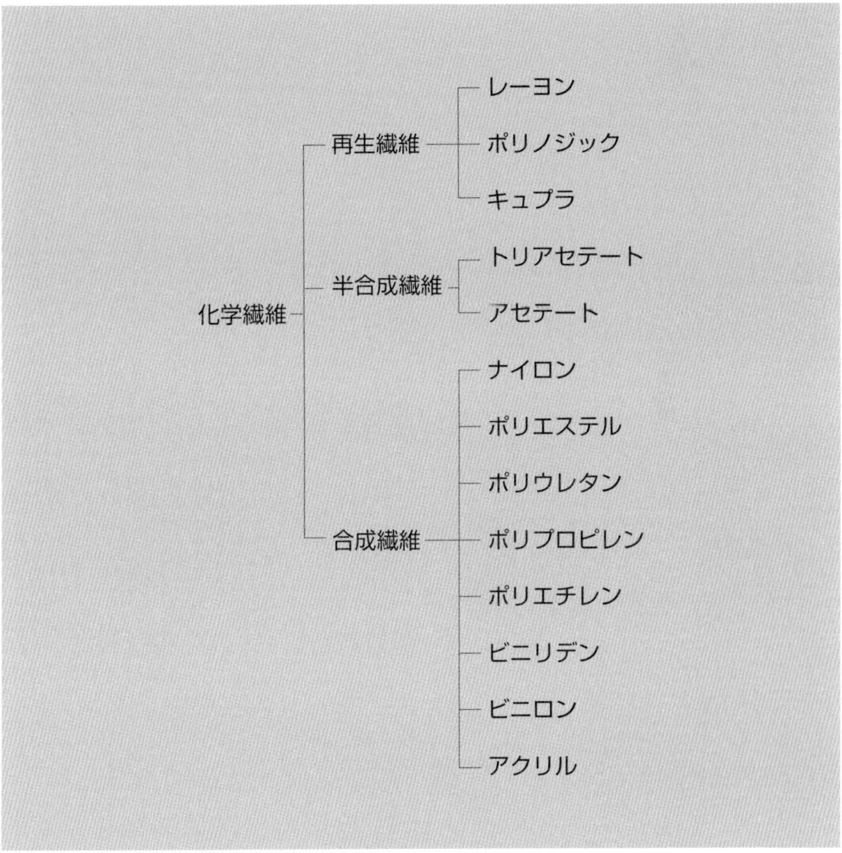

化学繊維の分類

プリント柄

布地に色糊を用いて模様や柄を印刷することを「プリント（捺染《なせん》）」といいます。プリントされた模様は「プリント柄《がら》（捺染柄《なせんがら》）」と呼ばれています。

布地の模様や柄は、このように布地になった段階で印刷されてできるプリント柄と、色糸を用いて布地を織り上げて縞柄《しまがら》や格子柄《こうしがら》などを作る「先染《さきぞ》め柄《がら》」があります。プリント柄は、先染め柄に対して、「後染《あとぞ》め柄《がら》」とも呼ばれています。

プリント柄をモチーフによって分類すると、次のようになります。

◆具象モチーフ

動物、植物、風景、人形、キャラクター、人工物など

◆抽象モチーフ

①定形…縞（ストライプ）、格子（チェック）、水玉、幾何模様、オプアート（＊）など

②非定形…抽象画、カモフラージュ（迷彩柄）、マーブルなど

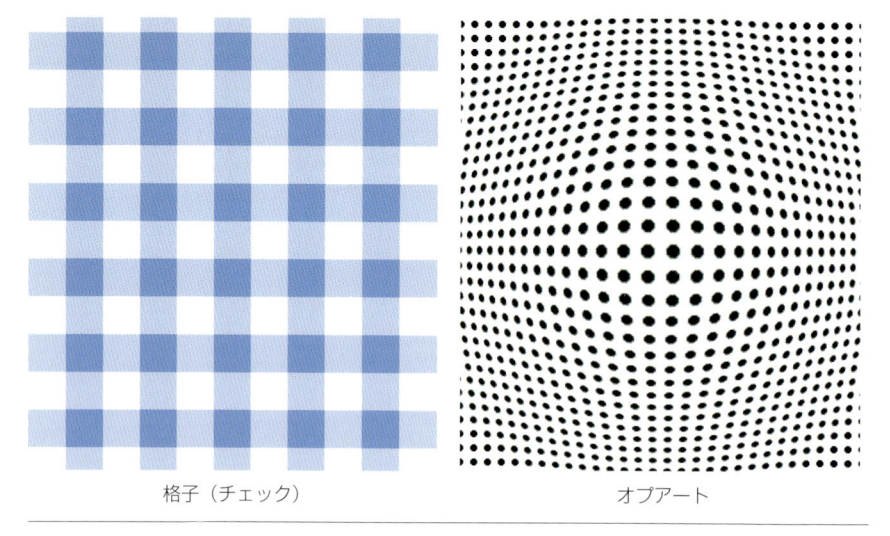

格子（チェック）

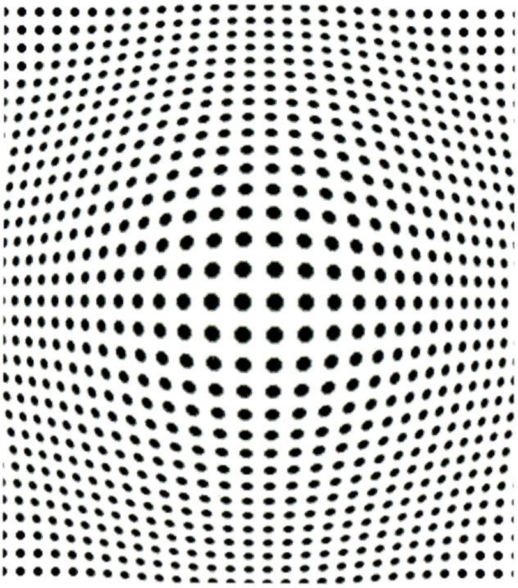
オプアート

（＊）「オプアート」は「オプティカル・アート」の略で、ゆがみやひずみなどの錯視による視覚効果を利用した現代美術作品を指します。

カモフラージュ

マーブル

プリント柄を柄の配置によって分類すると、以下のようになります。

◆散点柄《さんてんがら》

モチーフが上下左右に連続していて、全体にほぼ平等に柄が配置されたもの。

◆ワンポイント柄《がら》

シャツの胸元やソックスなどにあしらわれたマークなどに見られるように、一部分にだけ置かれたもの。

◆ボーダー柄《がら》

横または、縦の一方向に図柄が繰り返されたもの。グラデーションで使われる場合が多い。

◆パネル柄《がら》

ハンカチーフのように、ある一定の長さの中に入るような構成のモチーフがくり返されたもの。

◆エンジニアード柄《がら》

襟やカフス、身ごろなどのパーツに図柄が配置されたもの。

◆トロンプルイユ柄《がら》

「みせかけ」、「だまし絵」という意味で、襟、ボタン、ポケット、ネクタイ、カフスなどをプリントして、あたかもそれが実物のように見せかけたもの。

流行色

私たちにとって**流行色**《りゅうこうしょく》は現在流行している色ですが、産業界では、これから流行するであろう予測色のほうが重要です。特に、現在のように大量生産、大量消費の時代は、あらかじめ流行色を予測して企画、生産、そして販売を行うことが必要です。

パリに本部を置く国際流行色委員会では年２回、世界各国の代表（日本はＪＡＦＣＡ〔日本流行色協会〕から代表が送られています）が集まって会議を開き、２年先の流行色を予測し、決定しています。その流行色が情報として発表され、商品の色彩に取り入れられ、マスコミによって宣伝されることによって消費者に伝わります。人々に受け入れられるためには、流行色は、その時代の社会情勢を反映した色彩でなければなりません。

●これだけは、覚えておこう●

[ファッション]

- ●繊維は「天然繊維」と「化学繊維」に大別される。それぞれの繊維の種類を覚えよう。
- ●「プリント柄」のモチーフによる分類と柄の配置による分類を覚えよう。
- ●「流行色」とは何かを理解しよう。

おわりに

本書を読み終えたあなたに

みなさん、どうでしたか。

本書を読む前とこのページにたどり着いた今では、みなさんの色彩に対する意識が大きく変わったのではないでしょうか。

私たちは「かゆいところへ手が届いてすみずみまでかく」をモットーに、この本を書きました。細かな点まで行き届くことを「かゆいところへ手が届く」といいますが、かゆいところに手が届くだけでは問題は解決しません。かゆいところをボリボリとかいてもらって初めて人は満足するのではないでしょうか。

これは、私たちが日ごろ色彩の話をするときに、肝に銘じている言葉です。そのために、説明文が長くなったところもありますが、読んでいただければ、必ず理解につながります。ひと通り本書を読んで、色彩の基礎がわかったら、もう一度読んでみてください。きっと新たな発見があり、さらなる理解につながるはずです。少なくとも3回は読んで理解を深めてください。この確かな理解こそが色彩能力検定試験の合格への決め手になります。

色彩能力検定試験の合格だけに満足することなく、身につけた色彩の知識を生活のさまざまな場面で活用してください。そのために、本書には色彩の専門的な知識をはじめ、多くのヒントやエピソードを盛り込みました。色彩は、衣食住のすべてに関わっているのですから、あらゆる分野で活用法は無限にあります。色彩によって、生活をもっと美しく豊かにしましょう。

ただ、実際に色彩を活用するためには、色を見る目が必要になります。物（色）を見たときに、その色の色相やトーンがわからなければ、活用のしようがありません。この時、色を見る目の道しるべとなるのが、カラーチャートと配色カードです。付録のカラーチャートは作製しましたか。色(物)を見たら、まずは、自分でその色の色相とトーンを考えてみてください。次に、カラーチャートの中から近い色を見つけて、色相とトーンを確認しましょう。また、配色カードの中からアトランダムに１色を選び、色相とトーンを当ててみるのも有効な方法です。正解は配色カードの裏の色記号を見ればわかりますね。初めのうちはなかなか当たりませんが、くり返すうちに、色を見る目が自然にできてきます。

もう一つ大切なことは、身の回りの色を意識して見ることです。調和している配色に出会ったら、色記号を書き留めましょう。そして、その配色をまねてみることです。こうした努力が今まで思いもよらなかった配色に気づかせてくれます。

さあ、色の世界にさらなる一歩を踏み出しましょう。

岡村美知

色彩能力検定について

「文部科学省認定ファッションコーディネート色彩能力検定」は、社団法人全国服飾教育者連合会（A・F・T）が1990年から実施しています。その後、1994年に文部省（現・文部科学省）の認定を受けて現在にいたっています。

受験者は、社会人(アパレル・建築・美容・デザイン・メーカーなど)、主婦、学生(専門学校生・大学生・短大生・高校生)と幅広い層となっています。

●受験資格――制限なし。何級からでも受験可能。
（1級と2級、2級と3級の併願受験可能）

●試験日――3，2級は年2回（6月と11月）。
1級は年1回（1次試験が11月、2次試験が12月）。

●試験時間――3級70分、2級80分、1級100分。

●合格ライン――満点の70%が目安

●合格率――3級70%前後、2級50%前後、1級10%前後。

●詳細は下記のところにお問い合わせください。

社団法人 全国服飾教育者連合会(A・F・T)

■東京事務所　〒150-0001
東京都渋谷区神宮前1－6－1 原宿パレフランスビル5F
03(3423)2785

■大阪事務所　〒530-0003
大阪市北区堂島1－6－20 堂島アバンザ5F
06(6344)4175

さくいん●Index

●な行

●は行

●参考文献

『色彩の本』　河原英介（創元社）
『色彩と配色』　太田昭雄・河原英介（グラフィック社）
『色《い》彩《ろ》いろいろ事典』　河原英介（ビジネス社）
『カラーコーディネーター入門色彩』　大井義雄・川崎秀昭　日本色彩研究所監修（日本色研事業）
『カラーコーディネーターのための色彩科学入門』　日本色彩研究所編（日本色研事業）
『カラーコーディネーターのための配色入門』　川崎秀昭　日本色彩研究所監修（日本色研事業）
『デザインの色彩』　中田満雄・北畠耀・細野尚志　日本色彩研究所監修（日本色研事業）
『新　基本色表シリーズ全12巻』　日本色彩研究所監修　日本色研事業編（日本色研事業）
『改訂版　慣用色名チャート』　日本色彩研究所監修（日本色研事業）
『色彩ワンポイント』　日本色彩研究所編（日本規格協会）
『色のおはなし』　川上元郎（日本規格協会）
『色彩の美学』　塚田敢（紀伊国屋書店）
『新・色彩の心理』　西川好夫（法政大学出版局）
『色彩世相史』　近江源太郎（至誠堂）
『入門色彩心理学』　滝本孝雄・藤沢英昭（大日本図書）
『色彩と心理おもしろ事典』　松岡武（三笠書房）
『色彩の科学』　金子隆芳（岩波書店）
『色彩の心理学』　金子隆芳（岩波書店）
『日本の傳統色』　長崎盛輝（京都書院）
『色をはかる』　平井敏夫（日本規格協会）
『色々な色』　近江源太郎監修（光琳社出版）
『日本の色辞典』　吉岡幸雄（紫紅社）
『新版　色の手帖』　永田泰弘監修（小学館）
『日本の伝統色―色の小辞典』　日本色彩研究所編　福田邦夫（読売新聞社）
『ヨーロッパの伝統色―色の小辞典』　日本色彩研究所編　福田邦夫（読売新聞社）
『ファッションコーディネート色彩能力検定対策テキスト３級編』全国服飾教育者連合会（A・F・T）監修（A・F・T企画）
『広辞苑』　新村出編（岩波書店）

●写真・資料提供

日本色研事業株式会社	P58	ＰＣＣＳ色立体の模型
		ＰＣＣＳ色立体概念図
	P59	黄と青紫の等色相面
東京国立博物館	P80	市川団十郎の暫（勝川春章）
	P85	青磁牡丹文游環花生（宮川香山）
デジタルアーカイブ・ジャパン	P84	エメラルドリング
	P110	東京タワーのライトアップ（夏・冬）
国立西洋美術館	P104	サン＝トロペの港（ポール・シニャック）

●イラスト ―― 角　愼作
●編集協力 ―― 創紀房新社

著者　プロフィール

有本　祝子（ありもと　しゅくこ）

岡山県に生まれる。岡山大学教育学部卒業後、色彩教育及び情操教育を学ぶため、河原英介色彩研究所にて、色彩心理・色彩工学・色彩文化史など色彩に関する専門知識を学び現在に至っている。
なお、美術・ファッション系専門学校にて色彩学の講座を担当、色彩に関する各種セミナー及び色彩検定試験対策講座を開いている。
目下のところ、色彩工房『月は水色のミステリー』において「女性のためのキャリアアップ」プロジェクトに携わっている。

岡村　美知（おかむら　みち）

長野県に生まれる。東京理科大学理学部卒業後、(株)富士通にエンジニアとして入社。色彩教育及び情操教育を学ぶため、河原英介色彩研究所にて、色彩心理・色彩工学など色彩に関する専門知識及び情操教育を学び現在に至っている。
なお、美術・ファッション系専門学校において色彩講座を担当、色彩に関する各種セミナー及び色彩検定試験対策講座を開いている。
目下のところ、色彩工房『月は水色のミステリー』において「女性のためのキャリアアップ」プロジェクトに携わっている。

本書は、日本色研事業株式会社の許諾を得てＰＣＣＳ（日本色研配色体系）を使用しています

わかりやすい色彩と配色の基礎知識

●著　者　有本　祝子
　　　　　岡村　美知
●発行者　永岡　修一
●発行所　株式会社永岡書店
〒176-8158
東京都練馬区豊玉上１の７の14
☎03（3992）5155（代表）
☎03（3992）7191（編集）
印刷所　横山印刷　　製本　ヤマナカ製本

ISBN4-522-42026-9　C2070